Paul François

Un paysan contre Monsanto

Fayard

Conception graphique : NW
Photographie : © Pierre Delaunay

ISBN : 978-2-213-70494-4
Dépôt légal : octobre 2017

Introduction

Fumer tue, je le sais. Mais vivre aussi.

Ce jeudi 10 septembre 2015, dans le cabinet parisien de mon avocat, moi Paul François, agriculteur et non-fumeur, je grille tout un paquet de cigarettes. Sylvie, ma femme, la mère de mes filles, l'amour de mes 20 ans et de toujours, a prononcé cet été le mot « séparation ».

Mon épouse, qui m'accompagne depuis 2004, date de mon intoxication avec le pesticide Lasso, n'en peut plus. Il y a huit ans, je me suis lancé dans un combat judiciaire contre le fabricant de ce produit, le géant de l'agrochimie Monsanto. Malgré des hauts et des bas, j'ai tenu bon pour faire reconnaître la responsabilité de l'entreprise dans mon accident.

Mais aujourd'hui, pour la première fois, je cesse d'y croire. Et si les juges d'appel cassaient la condamnation de Monsanto en première instance ? Et si la légende du

David charentais terrassant le Goliath américain se fracassait contre l'institution judiciaire ?

À mes côtés, dans le bureau de maître Lafforgue, sont aussi présents sa consœur Capucine Darcq, mon épouse, ma cadette Amandine ainsi que deux de mes fidèles amis, Jean-Marie, agriculteur, et la sociologue Annie Thébaud-Mony. La tension monte en silence. On apporte des sandwichs que nous mangeons sans appétit. Tous les quarts d'heure, je m'approche de la fenêtre pour fumer une clope.

Les yeux au ciel, je repense aux années écoulées depuis le dépôt de ma plainte en 2007. Sans le soutien de mes proches, je n'aurais jamais supporté la guérilla judiciaire menée par Monsanto. J'ai été sali, calomnié. On a même cherché à me faire passer pour un fou ou un drogué.

Au moment où j'ai saisi la justice, j'avais déjà affronté bien des épreuves. J'avais connu des crises de coma, atterri dans des lits de soins intensifs. J'avais erré d'hôpitaux en CHU à la recherche d'un diagnostic. Je me heurtais à l'inertie du corps médical comme à celle de la Mutualité sociale agricole (MSA), la couverture des agriculteurs.

Lorsque j'ai attaqué Monsanto, moi le producteur de céréales, je venais d'accepter l'idée que les produits qui dopaient mon maïs avaient bousillé ma santé ; que cette toxicité était connue, mais dissimulée ; que toute l'agriculture intensive reposait sur ce paradoxe mortifère ; que l'omerta régnait sur les dangers des pesticides. Je réalisais que j'étais une victime et que j'avais le droit de demander des comptes.

Soudain, le portable de mon avocat sonne. « Allô, dit-il. Oui, oui, merci. » Le temps est suspendu. « C'est bon », articule maître Lafforgue en me tapant sur l'épaule. Se pourrait-il que je rêve : « On a gagné ? » Oui, nous avons gagné. C'est même une première : un fabricant de pesticides est condamné à indemniser un agriculteur pour l'avoir intoxiqué. Monsanto ne m'a pas informé correctement des risques que l'utilisation du Lasso me faisait courir et devra réparer le dommage causé.

Nos hurlements de joie n'échappent pas aux journalistes qui patientent à l'extérieur. Une conférence de presse s'improvise. Sans fausse pudeur, je me lance : « Le pot de terre peut gagner contre le pot de fer. » Impossible de retenir mes larmes en célébrant l'indépendance des magistrats : « On peut avoir confiance dans la justice française. Les firmes ne sont pas au-dessus des lois. »

Une brèche s'ouvre peut-être. Demain, des industriels pourraient être tenus pour responsables de cancers ou de maladies de Parkinson liés aux produits qu'ils commercialisent.

Et si l'arrêt de la cour d'appel de Lyon faisait jurisprudence ? Et si, moi qui refuse l'étiquette d'icône écologiste, j'avais vraiment joué le rôle d'un lanceur d'alerte ?

La bonne nouvelle se répand aux États-Unis, au Canada et même en Inde.

Ce combat n'est plus seulement le mien. Puisse ma victoire donner aux paysans de tous pays le courage de s'organiser, de lutter, de relever la tête.

1

Fils de

Je suis devenu agriculteur par défaut, et pourtant j'ai la passion de ce métier. Aujourd'hui comme hier, je mène des vies parallèles – président de l'association Phyto-Victimes, élu local dans ma commune de Bernac –, mais ma profession constitue le cœur de mon identité.

Même s'il m'a fallu ralentir la cadence après l'accident et si mes problèmes de santé m'ont forcé à beaucoup déléguer, je place toujours mon travail de céréalier au-dessus de tout.

Si tel n'était pas le cas, compte tenu des épreuves que j'ai traversées ces treize dernières années, je ne serais pas en train de convertir mon exploitation à l'agriculture biologique.

J'ai reçu la terre en héritage. Alphonse François, mon père, exerçait lui aussi cette profession, comme mon grand-père avant lui.

Né dans une famille nombreuse de petits paysans, orphelin de père à l'âge de 5 ans, il a dû quitter sa Vendée natale pour se faire une situation ailleurs. C'était un élève brillant, reçu avec les honneurs au certificat d'études, un grand lecteur de *Tintin* comme du quotidien catholique *La Croix*, passionné de politique.

Mais la guerre est arrivée. L'ouvrier qui cultivait la propriété familiale a été mobilisé et ma grand-mère, seule pour élever ses cinq enfants, a dû se résoudre à arrêter la scolarité de mon père.

Elle avait besoin de bras. Alphonse n'irait pas au collège. À 12 ans, il se retrouve à labourer, avec deux paires de bœufs et une charrue double.

Le soir à la bougie, mon père donne quelque nourriture à son esprit curieux. Grâce au soutien de son ancien maître d'école, il prépare, entre 1942 et 1947, un brevet d'aptitude professionnelle agricole par correspondance. Après son service militaire, on lui propose un poste de chef de culture en Charente où la main-d'œuvre fait défaut.

Deux cents kilomètres, c'est le bout du monde à l'aube des années 1950. Durant six mois, Alphonse fait des allers-retours réguliers avec sa grosse moto d'occasion, une Alcyon, jusqu'en Vendée où l'attend Thérèse, sa fiancée, ma future mère.

La séparation ne dure pas. Mes parents se marient le 25 septembre 1951 et, à 19 ans, Thérèse rejoint son époux du côté de Ruffec. Elle nous l'a toujours dit : « Je l'aurais suivi au bout du monde. »

Les débuts ne sont pas faciles. Ma mère, qui n'est jamais sortie de son village, a du mal à se faire à la mentalité un peu austère du premier patelin où ils atterrissent. Sa famille vendéenne lui manque. Sans téléphone ni voiture, il n'est pas évident de maintenir un lien.

Cet éloignement permet néanmoins à mes parents de jouir d'une certaine autonomie, à bonne distance de leurs familles nombreuses, de ces maisons où trois générations s'agglutinent sous le même toit.

En 1952, mon père dit adieu au salariat pour s'installer à son compte à Pérideau, le hameau où j'ai grandi. Mes parents commencent par louer une belle maison recouverte de crépi, ainsi qu'une ferme de 28 hectares, un troupeau de vaches et une petite porcherie.

Alphonse est un battant : au début, il n'a que trois chevaux pour travailler les terres et il lui faut emprunter au Crédit agricole pour acquérir les semences et les engrais. Mais les cultures d'orge et de blé sont belles, les cochons se vendent bien à la foire de Gençay et les résultats s'améliorent chaque année.

Mon père peut acheter une lieuse. C'est le bon temps. S'il faut travailler dur, la vie sociale est riche. Nouveaux amis, voisins accommodants… après les moissons, une joyeuse équipe se gave de crêpes jusqu'à minuit.

La vie de cultivateur connaît aussi des bas. La vague de froid de l'hiver 1956 détruit toutes les céréales. Il faudra semer à nouveau. Une autre année, un orage de grêle s'abat sur les champs de colza en fleur. Le vent de juin réduit en bouillie les graines d'un jaune éclatant.

Mon frère Patrick se souvient des larmes de notre père devant sa récolte en lambeaux. À l'époque, les agriculteurs ne s'assuraient pas contre les aléas de la météo. « Papa, qu'est-ce qui se passe ? avait demandé mon frangin, choqué de le voir ainsi désemparé. – C'est rien, on continue. »

Mon père ne lâchait jamais. Les leçons de la nature, sa ténacité face aux caprices du ciel, ont sans doute contribué à forger nos caractères.

Les mois suivants, il a certainement fallu se serrer la ceinture. Un exercice auquel nous étions habitués.

En général, de janvier à juin, les vaches avaient du lait, donc l'argent ne manquait pas, et nous, les garçons, pouvions acheter des pantalons ! Ensuite, tout dépendait du climat. Les bonnes années pour le blé et le maïs, c'était l'abondance à la maison. Mais, lorsque les céréales rapportaient moins, on savait que l'automne serait dur.

Au bout de quelques années, le propriétaire et voisin de mes parents, un vieux garçon sans descendance, leur vend ses biens en viager. Très vite, mon père emprunte pour acheter d'autres parcelles. Le Crédit agricole ouvre les vannes, l'inflation élevée permet de ne pas être étranglé par les crédits.

Vingt ans après son arrivée en Charente, grâce à l'acquisition successive de plusieurs petites propriétés, le Vendéen parti de rien se trouve à la tête d'une exploitation prospère de 80 hectares, d'un beau troupeau de bovins, et peut employer un salarié, Gilbert, qui travaille à ses côtés jusqu'à sa retraite en 1988.

Petites maisons basses, champs délimités par des haies bien taillées ou de jolis murets de pierre sèche. Avant la plaie béante ouverte en son milieu par la nationale 10, le hameau de mon enfance ressemblait à un paradis. Nous vivions dehors, avec mes frangins, mes frangines et les copains, toujours à vélo dans les rues calmes.

Sans nous laisser faire n'importe quoi, ma mère refusait d'être tout le temps sur notre dos. Nous construisions des cabanes dans les bois plantés de chênes, de charmes et de châtaigniers – ils n'existent plus.

Quand on a su que le chantier de la quatre-voies allait tout détruire, avec mes copains, on a imaginé voler de la dynamite pour faire sauter les bulldozers. Le progrès n'a jamais arrêté sa marche : Pérideau, autrefois uniquement constitué de terres agricoles, comprend une zone d'activité où sont aujourd'hui installés une centrale d'achat de Leclerc et une fromagerie industrielle.

Des fenêtres de la cuisine où elle voyait autrefois paître les vaches dans les prés, ma mère, en forme à 85 ans, bute sur la ligne droite de la nationale empruntée chaque jour par 12 000 véhicules. Pas de plantations au bord de la route, encore moins de mur anti-bruit. Le ronflement incessant des moteurs couvre le chant des oiseaux.

La ville a avalé notre campagne.

Dans la tête d'Alphonse, il était clair depuis notre enfance, que Patrick, un de mes aînés, devait lui succéder. Il l'avait élu et méticuleusement préparé à cette mission. Logiquement, en sixième, mon frère avait bifurqué vers l'enseignement agricole. Sa vie se divisait en deux : l'école et, une fois la journée de collège terminée, la ferme, où mon père lui confiait, malgré son jeune âge, de vraies responsabilités. Il cravachait pendant les vacances, sans jamais se plaindre d'être parachuté si jeune dans le monde des adultes.

Mais tout a déraillé en 1978. Alors qu'un voisin met des parcelles en location et que tout le monde s'attend à ce que Patrick, qui a terminé ses études et travaille avec mon père depuis un an, se positionne… le fils prodige laisse tout tomber. Il vient de faire une expérience spirituelle majeure.

À 20 ans, lui qui, à l'adolescence, s'était comme moi éloigné de la religion catholique si chère à nos parents, a soudain envie de consacrer sa vie à l'Église. Le fil conducteur entre l'agriculture et sa foi toute neuve, c'est sans doute la passion qu'il y met. Sans parler de revêtir la soutane, Patrick veut s'engager à fond.

Au départ, il n'est pas clairement dit qu'il abandonne la Charente. Il part pour deux ans dans une communauté à Poitiers sans trop savoir s'il fera marche arrière. Le temps passe. Mon père, qui, les six premiers mois, n'adresse plus la parole à Patrick, espère toujours le retour de son successeur désigné. Mais, au bout de quatre ans, mon frère annonce qu'il ne reviendra pas.

Sur le moment, j'ai eu, à 14 ans, l'impression qu'il en fallait un pour prendre la suite et que c'était tombé sur moi. La directrice du collège privé où je redouble ma cinquième, une bonne sœur, se lamentait auprès de mon père : « Que va-t-on faire de Paul ? S'il voulait travailler... » Tous mes professeurs étaient pareillement désespérés, comme l'avaient été mes instituteurs (j'ai également redoublé le CP et le CM2). Je m'intéressais plus à ma mobylette et aux filles qu'à mes notes et il n'y a pas une bêtise que je n'aie faite.

Aujourd'hui, je regrette de ne pas m'être accroché durant ma scolarité. Il me reste des lacunes que je ne comblerai jamais. La culture générale, on peut l'acquérir par soi-même, mais, pour l'orthographe, c'est trop tard.

L'idée de m'envoyer en apprentissage dans une maison familiale rurale a été imposée par mes parents. J'ai aimé, durant ces quatre années, l'alternance entre enseignement théorique et pratique : une quinzaine à l'école avec les copains, l'autre à la ferme avec papa. Je suis son apprenti et il me paie, ce qui m'assure une certaine autonomie financière. Je fais aussi plusieurs stages qui me permettent de découvrir d'autres manières de travailler.

Parti de zéro, Alphonse ne sait pas se reposer sur ses lauriers. Il reste un pionnier toujours en quête de renouvellement. Ses idées, il les pioche dans ses lectures ou dans les nombreuses réunions d'agriculteurs auxquelles il participe.

En 1976, l'année de la grande sécheresse, il innove en installant un réseau d'irrigation sur une trentaine d'hectares de maïs, qui fait exploser les rendements. Ensuite, il passe un contrat de production de semences avec une grosse société : carottes, oignons, pois potagers, reines-marguerites, pavot, cette activité nous occupe beaucoup, mais elle est très rentable.

À la fin de cette décennie, il se lance en outre dans l'aventure du tabac, conscient que la ferme ne pourra faire vivre mes parents, leur salarié et moi lorsque j'aurai terminé mes études. Comme toujours, il réfléchit soigneusement avant d'agir, notamment en allant rendre visite à un producteur en Dordogne.

En 1977, l'année précédant celle où je suis venu le seconder, il avait fallu abattre le troupeau de vaches, qui constituait le cœur et le poumon financier de son exploitation. En effet, un animal avait déclaré la brucellose. L'élevage de poulets de ma mère ainsi que tous les animaux de la ferme ont également été abattu par mesure de prophylaxie.

Au lieu de pester contre le mauvais sort, mon père mise sur le tabac brun. Pour faire sécher les feuilles, il construit, avec un voisin et mon frère Patrick, un immense hangar de cinquante mètres de long sur six de large.

Dès le début de mon apprentissage, une tension s'installe avec papa. Lui qui chaque année chouchoute les stagiaires envoyés par deux lycées agricoles, répondant volontiers à leurs questions, leur laissant du temps pour rédiger leurs rapports, ne me ménage pas.

Le matin, on attaque à 7 heures et on termine le soir à 19 heures. Sa moue contrariée quand je vais dépenser l'argent gagné la semaine dans une fête le samedi soir a le don de me mettre hors de moi. Je suis encore élève à la maison familiale rurale où je me contente du strict minimum.

Un jour, je lui annonce que je vais prendre un peu de vacances. Il sort alors de ses gonds : « Tu crois qu'on en a pris, nous, des congés ? » J'ai beau lui expliquer que « c'est la vie », il n'entend rien.

Ma mère ainsi que mes frères et sœurs souffrent de nos disputes. Mon comportement laisse certainement à désirer, mais, au fond, je sens que la vraie raison n'est pas là. Mon père n'a pas digéré le départ de Patrick. Il a peur que je ne sois pas à la hauteur.

Me concernant, le déclic se produit à la rentrée suivante. Je poursuis ma scolarité dans un institut rural d'éducation et d'orientation. L'intelligence et l'aplomb du directeur, monsieur Darrieutort, et de son équipe, Gérard, Matthieu, Marie-Claire et les autres, m'impressionnent. Comme le dit un de mes amis : « Ici, c'est l'école de la vie. » Cette année est absolument déterminante pour moi : je me passionne pour mon métier et me fais de vrais copains, filles et garçons, venus d'horizons divers.

Après plusieurs stages dans des grandes fermes de la région parisienne, je rejoins mon père en 1984 comme « associé d'exploitation ». Tout n'est pas idyllique pour autant. Je suis marqué par les conflits qui nous opposent sans arrêt.

À la maison, chaque prétexte est bon pour nous engueuler. C'est à peine si on peut se parler. Ma mère fait le tampon. Je me sens le plus mal aimé de ses six enfants. Sans réaliser que, de tous, je suis le seul à prendre la suite de papa. Au fond, mon père ne supporte pas que je fasse les choses à ma manière.

Un jour de grosse chaleur, je décide d'utiliser un chariot que je viens de fabriquer pour transporter les gros tuyaux d'irrigation. À ma grande surprise, Alphonse me rabroue. « Mais non ! Il ne faut pas s'y prendre comme ça ! » Ma parole : Gilbert et lui préfèrent perdre leur temps et forcer comme des bêtes de somme. C'est à celui qui trime le plus sous le cagnard. Et toujours en courant, car mon père ne sait pas marcher !

Ma mère raconte que les choses auraient pu s'arranger à l'occasion du mariage de Patrick, en 1985. Mon père avait, paraît-il, prévu de profiter de l'occasion pour me parler, me dire qu'il me faisait confiance.

Son discours commence. Il dresse les louanges de Patrick, rappelant toutes les choses que son fils préféré et lui ont faites ensemble par le passé. Et moi qui travaille à son côté ? Je ne compte pour rien ? La pièce montée m'est longtemps restée en travers de la gorge. Maman dit que, sur le papier resté dans sa poche, il y avait des mots pour moi.

Mon frère a heureusement senti que papa avait du mal à lâcher les rênes. Eux se sont toujours compris sans avoir besoin de se parler. Nous, nous passons notre temps à nous écharper sans parvenir à communiquer.

Un jour, Patrick vient passer quelques jours à la maison. Je suis en train de labourer avec le nouveau tracteur. À peine met-il un pied dans le champ que papa lui propose de l'essayer. Mon frère mesure combien la situation est pénible pour moi et à quel point, surtout, elle est injuste. Papa continue de l'attendre, plus ou moins consciemment.

Quelque temps plus tard, Patrick emmène Alphonse au restaurant pour mettre les points sur les *i*. « C'est fini. Ma vie s'engage sur autre chose, je ne reviendrai jamais. Dans quelques années, tu vas tout transmettre à Paul. Maintenant, il est temps de vérifier que tu peux lui faire confiance. Tu dois poser un acte. »

2

Agri-manager

On dit qu'il n'y a que des preuves d'amour. C'est pareil avec la confiance. En 1987, mon père me cède une partie des terres pour que je puisse m'installer. Une fois à mon compte, il ne cherche ni à mettre le nez dans mes affaires ni à jouer le patriarche. Très vite, je deviens un autre homme.

Est-ce parce que je veux démontrer au paternel que je suis capable de faire quelque chose de bien ? Ma vraie liberté, je l'arrache le jour où je trouve un banquier pour me prêter de l'argent et 80 hectares supplémentaires à louer dans le hameau de Beauregard, à Bernac. Ces champs, situés au bout de la plaine de Saintonge, à deux kilomètres de Pérideau, ont l'avantage de jouxter ceux légués par mes parents.

Je quitte définitivement la maison de mon enfance. Je vais enfin pouvoir m'installer avec Sylvie.

Je la connais depuis la maternelle. Nous sommes tous les deux nés en 1964, moi en janvier, elle en novembre. C'est l'amoureuse de mes 4 ans ! On s'est perdus de vue, puis on s'est retrouvés par hasard le soir de ses 18 ans. Elle fêtait son anniversaire avec un groupe d'amis au Moulin Enchanté. Moi, j'avais mes habitudes dans cette boîte de nuit, la plus grande du secteur.

Chaque semaine, durant ses études d'infirmière, je suis allé voir Sylvie. Au début, ses parents ont eu du mal à accepter l'entrée dans leur petit cocon familial d'un fêtard, limite *bad boy*. Mais ils ont fini par apprécier mon côté bosseur, spontané et convivial.

« Tu ne vas pas me faire habiter ici ? » peste Sylvie à la fin de notre première visite dans la ferme que je convoite à Bernac. Une fois diplômée, ma fiancée a mis de côté ses rêves de missions humanitaires en Afrique pour rester près de moi. Elle a trouvé un emploi d'infirmière à l'hôpital de Ruffec.

Sylvie n'a pas tout à fait tort : la maison à louer est dans un sale état. Ma future épouse ne digère pas le cochon pendu dans la cuisine, les dalles maculées de sang et les poutres noires de suie.

Au bout du chemin, elle fond en larmes. Je lui promets que nous ferons des travaux pour égayer notre foyer et lui vante le côté pratique : l'habitation, au centre d'un carré formé par les bâtiments agricoles, dispose d'un jardin isolé du reste de la ferme.

En 1992, lorsque ma mère prend sa retraite, mes parents me transmettent le reste de leur ferme. Je me retrouve à la tête d'une grosse exploitation importante de 240 hectares, où je cultive du blé, du maïs et du colza.

Comme la grande majorité des producteurs de céréales, je pratique une agriculture intensive, persuadé que c'est la condition nécessaire pour assurer mon revenu, accroître les rendements de façon à nourrir mon pays et une planète toujours plus peuplée. Je me bats, je bosse comme un fou, je ne dois ma réussite à personne. J'ai arrêté la production de tabac il y a déjà un moment.

Avec mon père, nous avons cessé de nous disputer pour un oui ou pour un non. Très pris par ses activités associatives et par la chasse, il laisse tout tomber dès que je lui réclame un coup de main. Je n'ose pas me l'avouer, mais il doit être fier de moi.

Chaque printemps, je passe plus de 200 heures à nourrir consciencieusement mes champs avec des pesticides. Avec la mécanisation et l'utilisation massive d'engrais, c'est l'un des piliers du modèle productiviste inventé dans l'après-guerre.

Ma mère raconte que, avant son mariage, dans sa Vendée natale, elle sarclait les champs à la main. L'arrivée de la chimie a changé sa vie : « Il n'y avait plus besoin de rester penchée sur un sillon à longueur de journée », dit-elle. Jusqu'au début des années 1970, mes parents transpiraient derrière la bineuse pour un résultat incertain. Mon frère Patrick se souvient que, durant le terrible été 1976, il a dû les aider à arracher les mauvaises herbes jusqu'à l'épuisement. La sécheresse rendait le sol dur comme de la pierre. Le matin, ses mains étaient tellement endolories qu'il ne pouvait plus les plier pour enfiler ses chaussettes. Quand il râlait sous le cagnard, mon père répliquait : « Accroche-toi, ce n'est rien. À ton âge, ta mère et moi, on en faisait plus que toi. » Lui pestait intérieurement que la terre, c'était le pire métier du monde.

Au printemps 1977, un technicien de la coopérative a débarqué le coffre plein de produits. Grâce au miracle chimique, plus besoin de sarcler les betteraves. Il suffit de grimper sur le tracteur et de pulvériser la potion magique. Fini la galère, adieu les mauvaises herbes et le labeur moyenâgeux.

« Utilisez des pesticides ! » fut l'un des dix commandements de ma scolarité en BEP. Depuis les années 1960, les enseignants de la filière agricole rabâchent qu'on ne peut pas faire sans eux pour éliminer les mauvaises herbes, mais aussi les insectes ravageurs, les maladies (champignons, moisissures, etc.). Pas un professeur pour nous renvoyer à l'étymologie du mot. J'apprendrai plus tard que le suffixe « -cide » vient du latin *caedere* (« tuer ») et que *pestis* désigne un nuisible, un fléau.

Ces produits – herbicides, insecticides et fongicides – sont donc, littéralement, des tueurs de parasites.

Dans ma Charente, comme ailleurs en France, certains agriculteurs ont tellement la foi qu'ils cessent quasiment de faire tourner les cultures. Du maïs une année, du maïs la suivante, etc. Boostée par la révolution chimique, la monoculture gagne du terrain. Plus besoin de traîner les tuyaux d'irrigation d'une parcelle à l'autre. Pour le sol, c'est un désastre. Un peu comme si on donnait à quelqu'un la même boîte de conserve à manger tout au long de l'année.

Grâce aux produits, qui facilitent l'exploitation et maximisent la production, j'en oublie presque les nuisibles. Quel sentiment de sécurité, de toute-puissance, certainement inconnu de mes aïeux paysans : il n'y a rien de plus pratique que la chimie.

Comme tous ceux de ma génération, et sans même m'en rendre compte, je suis accro aux « phytos », dont les ventes, qui avaient déjà doublé tous les dix ans entre 1945 et 1985, explosent dans les années 1990. À l'époque, je n'utilise pas le mot « pesticide », mais ce surnom presque affectueux, ce diminutif qui désigne les produits phytosanitaires (destinés à la santé des végétaux), comme on dit dans le monde agricole.

À mes yeux, le magasin de la coopérative ou le petit commerce de mon copain Jean-Pierre, à deux kilomètres de la maison, ressemblent à des cavernes d'Ali Baba malodorantes dont je repars le coffre plein de précieux bidons.

Tous mes collègues sont, comme moi, persuadés de progresser en écoutant les conseils techniques de Jean-Pierre, qui nous vend également des engrais et les semences les mieux adaptées.

En décembre ou en janvier, je passe faire du repérage dans sa boutique pour préparer les traitements du printemps suivant. « J'ai un problème de rouille sur les céréales, tu me proposes quoi ? » Jean-Pierre a réponse à tout. Une fois par an, à la morte saison, il m'invite à une journée d'étude suivie d'un grand banquet avec les autres céréaliers du coin. Sans préciser quelle firme nous régale ni ce qu'on attend de nous.

Le matin, dans la salle des fêtes communale de Ruffec, on nous présente des tableaux très convaincants : certes, le coût du produit miracle est élevé (50 euros l'hectare), mais, avec un gain de dix quintaux l'hectare, 100 euros de marge supplémentaire atterriront dans notre poche. Comme le repas, le conseil est gratuit.

C'est au cours de ces journées que je découvre les premiers logiciels informatiques qui permettent de calculer la dose optimale de pesticides. Après le gueuleton, où Sylvie et les autres épouses sont parfois conviées, nous sommes gratifiés de petits cadeaux sympas.

Grâce au calendrier sur lequel je note les traitements à venir, à la combinaison que j'enfile sur le tracteur, aux blocs-notes ou aux stylos publicitaires, la marque de produits phytosanitaires s'insinue dans mon quotidien.

Mais la fameuse « soirée de Jean-Pierre » n'est rien à côté des excursions offertes par les industriels. La première fois que je suis allé applaudir les danseuses du Lido, sur les Champs-Élysées, c'était grâce à Monsanto. Comme plus de 300 autres céréaliers venus de toute la France – et gros clients potentiels –, j'avais été sélectionné par la firme américaine. Plus de deux cents hectares de blé et de maïs, c'est intéressant financièrement pour celui qui te vend les pesticides. Sans parler de mon profil : jeune, dynamique, allant de l'avant, « agri-manager » comme on disait à l'époque… Ce que je trouvais flatteur.

À l'aller, le car s'était arrêté dans une ferme modèle de Seine-et-Marne. Après la visite de l'exploitation, j'avais été emballé par les essais de produits, notamment par les fongicides. Au retour, nous avions fait un stop dans une autre propriété, en Beauce.

Une fois à la maison, je voyais bien que mes terres charentaises n'avaient pas le potentiel des plaines du Bassin parisien, mais tant pis, j'avais rencontré des producteurs, appris des trucs, réfléchi à certaines techniques. Et je retournai, plus motivé que jamais, chercher des produits au magasin de Jean-Pierre.

L'agriculture biologique, dont je n'ai jamais entendu parler à l'école, n'entre pas dans le champ de mes possibles. Dans mon coin de Charente, rares sont ceux qui ont fait ce choix.

Pour moi, ils n'ont rien compris. La preuve, tandis que leurs familles ont du mal à joindre les deux bouts, mon affaire tourne. J'ai embauché un salarié, pris un apprenti, sans oublier la cinquantaine de saisonniers qui viennent aider à la récolte des oignons, en juillet.

On brasse de l'argent, on produit ! Ce système fonctionne : outre leurs propres familles, les céréaliers de la région font vivre les coopératives, les vendeurs de matériel agricole, les garages.

À partir du milieu des années 1990, mon équation économique m'oblige cependant à diminuer le volume de produits que je mets dans ma sulfateuse. Alors que les pesticides me coûtent 200 à 300 euros l'hectare, je vois poindre l'essoufflement de ce modèle intensif.

Jusqu'à présent, plus on épandait, plus on produisait et plus on gagnait d'argent. Mais chez moi, comme dans toute l'Europe occidentale, les rendements stagnent. Malgré la bonne tenue des cours mondiaux, mes marges augmentent moins vite que la décennie précédente. Pour les maintenir, il me reste un paramètre principal : les coûts de production.

Avec d'autres agriculteurs, nous réalisons qu'il est possible de réduire d'un tiers la quantité de pesticides sans que la qualité des récoltes en pâtisse. Il suffit pour cela de modifier légèrement les dosages et les techniques de pulvérisation, de jouer sur la qualité de l'eau et de régler au plus près la machine.

Roland, mon associé, voisin et ami, m'accompagne dans une réflexion pour modifier notre système de production. Il a toujours eu un raisonnement agronomique et sait qu'en pratiquant une bonne rotation des cultures on pourra utiliser moins de « phytos ».

Pour réaliser ces expérimentations-là, il faut se lancer à l'aveuglette. Aucun des représentants de l'agriculture officielle, c'est-à-dire de la chambre d'agriculture ou d'autres institutions, ne nous encourage à lutter contre le surdosage.

Les informations arrivent par le bouche-à-oreille, grâce à un réseau informel d'exploitants qui réfléchissent un peu plus que la moyenne. La majorité d'entre nous ne songent ni à leur propre santé ni à celle de la planète : nous avons juste trouvé une astuce pour maintenir nos revenus.

Une minorité commence à craindre un danger pour l'homme, l'eau, les sols, et donc à se révolter : « Ces produits, on en a marre. » Mais Roland, pourtant meilleur technicien que moi, partage mon avis. « On ne peut pas s'en passer », soupire-t-il souvent.

Bref, nous sommes tous de parfaits petits chimistes, pas des agronomes.

3

L'intoxication

C'est une journée parfaite pour finir de sulfater le maïs. Un ciel bleu, pas un souffle de vent.

À 8 heures, ce mardi 27 avril 2004, je suis seul aux commandes de mon énorme machine, concentré sur l'électronique embarquée comme un pilote dans son cockpit. Ce n'est pas qu'une image : l'engin a deux rampes géantes qui ressemblent à des ailes une fois déployées et pulvérisent, à travers de petites buses d'injection, de fines gouttelettes d'herbicide sur quinze mètres de chaque côté. Semer le maïs, puis, dans les vingt-quatre heures, le désherber, de préférence le matin dès l'aube.

Pour moi, ces dix jours annuels de labeur printanier sur mes 130 hectares de maïs, aussi intenses que la période des moissons, ne représentent pas une corvée, mais presque une partie de plaisir.

Perché dans ma cabine, j'avance à un rythme de croisière sur le champ du lac. Dix hectares à l'heure, le pulvérisateur, un sacré concentré de technologie, en a sous la pédale.

À mesure que, dans mon dos, la cuve de 2 500 litres se vide, une vapeur blanche se dépose sur le sol. Qu'il est loin le temps où, dans les années 1970, mes parents s'épuisaient à désherber le maïs à la bineuse... Aujourd'hui, il suffit de se concentrer sur chaque rangée, radio éteinte, l'œil sur les paramètres de l'appareil.

Je pense à la future petite pousse verte qui va bien se développer, sans être concurrencée par les mauvaises herbes, grâce à ce qui me semble être un excellent « médicament » pour les plantes. Avec le temps, je suis devenu un as du dosage – 3,5 litres à l'hectare au lieu de 5.

Je me suis affranchi des recommandations officielles pour épandre seulement la quantité de « phytos » nécessaire à une belle conduite d'exploitation.

Ce matin, mon réveil a sonné à 4 heures, bien avant celui de Sylvie qui a posé une journée de RTT et s'occupera de conduire nos filles, Laura, 12 ans, et Amandine, 8 ans, au collège et à l'école. J'ai pris un solide petit déjeuner pour pouvoir affronter une nouvelle journée de quinze heures, puis j'ai sorti le pulvérisateur du hangar derrière la maison et je l'ai garé sur la plate-forme de béton, juste devant le porche, à l'entrée de la ferme, là où on prépare les pesticides avec Roland.

Les bidons de « phytos » – des blancs, des jaune clair, des transparents, des gros de cinquante litres, des petits de dix, certains marqués au feutre noir à mon prénom, les autres à celui de « Roland » – sont stockés à deux pas, dans la grange, de l'autre côté de l'allée. Un avertissement on ne peut plus clair a été placardé sur la porte coulissante métallique du bâtiment toujours fermée par un cadenas.

Un premier panneau, tout rouge, porte la mention DANGER en majuscules écarlates. Un second, apposé juste au-dessous, alerte sur la présence de « substances dangereuses » et interdit l'accès aux « personnes extérieures ».

Ce stockage au carré m'avait valu, dans les années 1990, les compliments de la MSA qui avait convié quelques confrères des alentours à venir visiter le local.

La tambouille proprement dite se fait toujours au grand air afin d'éviter les dégagements toxiques. C'est une précaution minimale. J'ignore alors que, dans les usines de fabrication de pesticides, les salariés portent des combinaisons de protection, des masques, des gants, et que les tâches les plus périlleuses sont réalisées par des robots !

Ce matin, je m'occupe moi-même du mélange des produits. Mon salarié pourrait très bien le faire, mais je n'aime guère déléguer cette opération pour laquelle je n'ai pas été formé à l'école d'agriculture et que j'ai apprise sur le tas, grâce aux conseils des uns et des autres.

Dans notre organisation, ce sont avant tout Roland et moi qui nous en chargeons. Avec le recul, je me dis que je me méfiais déjà des pesticides. Mais pas autant que j'aurais dû…

La preuve, quand j'ai commencé à les manier, avec mon père, il pouvait m'arriver de remuer le mélange à bras nu pour écraser les grumeaux et de remplir la sulfateuse en short et en tee-shirt. Les traitements se font surtout au printemps, que ce soit sur les céréales d'hiver ou celles d'été, car c'est à cette saison que les maladies se développent.

J'ai mis des gants pour la première fois le jour où j'ai utilisé des colorants nitrés. Comme ils rendaient les mains toutes jaunes, j'ai fait attention, plus par coquetterie que par souci de ma santé, pour ne pas effrayer les filles le samedi soir en boîte de nuit. Ensuite, parce que, un jour, un produit m'avait causé des problèmes à l'estomac, j'ai équipé un de mes tracteurs d'une cabine dotée de filtres anti-émanations et j'ai décidé de réserver cette seule machine aux traitements. Je me suis mis à utiliser un masque, mais seulement les jours de grand soleil.

Avant ce 27 avril 2004, je n'ai donc, malgré ces timides précautions, aucune claire conscience de la dangerosité des pesticides.

Ce matin, je remplis la cuve en résine avec du Lasso, un herbicide de Monsanto que j'utilise depuis les années 1990 et dont je n'apprécie pas particulièrement l'odeur. Le liquide est rouge dans le bidon, mais, une fois dilué, il blanchit.

Après avoir pulvérisé tous les rangs de maïs avec ce brouillard chimique, je saute vite de la machine que j'abandonne dans le champ. Impossible de me souvenir exactement de mon emploi du temps durant cette matinée. Un voisin est-il venu demander un coup de main ? Suis-je moi-même allé aider quelqu'un, mon salarié, l'apprenti ?

Ce qui est sûr, c'est que je me suis montré moins soigneux que de coutume. Le pulvérisateur n'a pas été correctement vidangé. Cela ne me ressemble guère : en général, j'embarque de l'eau à bord pour commencer à le nettoyer en plein champ.

Au lieu de jeter tout le résidu de produit dans le bac de rétention, je le laisse s'écouler dans la terre. C'est un détail, mais nous ne sommes pas si nombreux à lutter ainsi contre le gaspillage. Pour des raisons que j'ignore, et sans doute déjà accaparé par les chantiers à venir, je laisse l'engin en plein soleil toute la matinée, pensant avoir lancé le nettoyage automatique.

Sur le coup de midi, je cours chercher le pulvérisateur pour l'emmener sur la plate-forme bétonnée. Pas une minute à perdre : cette nuit, je veux profiter du beau temps pour passer du fongicide sur ma cinquantaine d'hectares de colza. Ensuite, il faudra s'occuper du blé, puis traiter à nouveau le colza avec un insecticide et enfin passer de l'herbicide sur les tournesols. On n'arrête pas, la machine travaille à fond. Il faut que l'appareil soit nickel avant de verser ce nouveau produit.

Pensant la cuve vide, je veux m'assurer qu'il n'y a pas de résidu sur les parois. Pour cela, je grimpe sur l'engin, j'ouvre le couvercle et me penche au-dessus du trou béant d'une cinquantaine de centimètres de diamètre…

Soudain, une chaleur intense me saute au visage. J'inspire une première fois, une deuxième par réflexe et je suffoque. « Merde, cette cuve n'est pas vide ! » me dis-je, en colère contre moi-même.

Je saute au bas de l'échelle, la tête me tourne.

J'ai mis très longtemps à être capable de décrire ce que j'ai ressenti le jour de mon intoxication. Sylvie se rappelle que j'ai répété plusieurs fois : « Ça m'a chauffé tout le corps. » Aujourd'hui, il me semble que l'expérience qui s'en rapproche le plus est celle que je fais à chaque tep scan lorsque je vais au CHU de Tours pour un contrôle.

À mesure que le produit radioactif se diffuse, la température grimpe de plusieurs degrés dans mes veines.

Au bout de quelques secondes, je retrouve mes esprits et m'éloigne du pulvérisateur, histoire de ne pas m'exposer plus à l'air vicié. Puis, je me rince le visage, persuadé que tout va rentrer dans l'ordre.

Mais, tout d'un coup, me voilà pris de nausées. Les quelques mètres qui me séparent de la maison, pourtant située juste de l'autre côté du porche, me semblent le bout du monde. Dans la cour, Sylvie bavarde avec Catherine, une de nos amies d'enfance, et le père de celle-ci. Je m'excuse de ne pas leur faire la bise, leur explique que je viens d'inhaler du désherbant et que je ne suis pas très bien.

Nous rentrons dans la cuisine pour prendre un rafraîchissement, mais très vite je les laisse afin d'aller m'allonger dans notre chambre à l'étage.

Ma femme monte l'escalier pour prendre de mes nouvelles : « Qu'est-ce que tu as ? » s'inquiète-t-elle. On ne se refait pas. Même si elle occupe depuis 1995 des fonctions de cadre à l'hôpital, elle reste une infirmière dans l'âme.

Je lui explique que, au moment de nettoyer la cuve de mon pulvérisateur, j'ai respiré une espèce de vapeur de gaz. « Je ne sais pas vraiment ce que c'est. Je me sens tout faible, faut que je reste couché », lui dis-je, interrompu par une quinte de toux. Ma respiration devient difficile.

La suite, Sylvie la raconte bien mieux que moi. À un moment, je me souviens qu'elle a tranché : « Ça ne va pas. Descends, je t'emmène aux urgences. » Puis plus rien. Elle m'a aidé à marcher jusque dans l'entrée et même à mettre mes chaussures. Je me suis traîné jusqu'à notre monospace, qu'elle avait garé le plus près possible de la maison.

Sur ces entrefaites, Roland, prévenu par téléphone, est arrivé. Tous deux ont fait rentrer mes jambes dans la voiture et, au moment où la portière passager s'est refermée, j'ai perdu connaissance. Tandis que Sylvie fonçait vers l'hôpital, mon associé a eu le bon réflexe d'arracher l'étiquette du bidon de Lasso et s'est précipité à la coopérative afin de récupérer les données de sécurité du produit.

Même treize ans après l'accident, mon ami a beaucoup de peine à reparler de ce jour funeste. Pour lui, cela reste un traumatisme. « Quand je t'ai vu dans la voiture, le visage blanc, les yeux hagards, je me suis dit que je ne te reverrais pas vivant », m'a-t-il avoué une fois. De retour chez lui, il avait crié à son épouse : « Paul va peut-être mourir ! »

Mon épouse, qui a toujours eu une faiblesse pour l'accélérateur, n'a jamais parcouru aussi vite les trois kilomètres qui séparent la maison de son boulot.

Après avoir garé directement la Seat devant le hall des urgences, Sylvie descend de voiture pour aller chercher ses collègues qui accourent. Je pénètre donc dans ce petit hôpital local, le seul du nord de la Charente, sur un brancard.

Pendant que je suis pris en charge, mon épouse fait part de tout ce qu'elle sait à l'urgentiste. Pour elle, mon malaise est lié au produit que j'ai respiré par accident. Elle attend d'en connaître la composition pour la communiquer aux médecins.

Dans le box où elle m'a rejoint, Sylvie n'en mène pas large. Je suis certes techniquement conscient, mais complètement dans les vapes et sous oxygène.

Quand Roland arrive avec toutes les précisions, l'équipe peut appeler le centre antipoison de Bordeaux. Cette structure publique, accessible 24 heures sur 24, appartient à un réseau qui maille tout le pays afin d'informer particuliers et professionnels de santé sur les risques toxiques. Elle a également pour mission d'aider au bon diagnostic et au traitement des intoxications.

Sylvie est rassurée par la réponse du médecin de Bordeaux. Le praticien soutient qu'il n'y a rien de particulier à faire, sinon me garder en observation pour surveiller mon état. Il n'est question ni de prises de sang ni de prélèvements urinaires – la suite nous montrera pourtant que ces analyses auraient pu être déterminantes.

Comme le prévoit la règlementation, le médecin du travail qui pilote le réseau Phyt'attitude au niveau de la Charente est lui aussi alerté. Depuis 1997, ce programme de la MSA est chargé de la surveillance des intoxications aiguës aux pesticides.

Je pense que ce qui m'arrive n'est pas très agréable, que je vais être un peu secoué, mais que c'est l'affaire de quarante-huit heures avant que tout rentre rapidement dans l'ordre. Ce genre d'incident avec les traitements sanitaires nous arrive à tous un jour ou l'autre. Affaibli, je ne suis pas plus inquiet que cela : ce sont les risques du métier.

Néanmoins, le lendemain, je suis pris d'un violent mal de tête, le premier épisode de ce fléau qui empoisonne ma vie depuis l'accident et me cloue encore au lit, dans le noir, plusieurs journées chaque mois. J'ai également toujours du mal à respirer, des brûlures dans la poitrine et une toux sèche et irritée, à tel point que, durant la nuit, je crache plusieurs fois du sang.

Par mesure de précaution, ce mercredi 28 avril, l'hôpital recontacte le centre antipoison, qui se montre une nouvelle fois rassurant.

Le compte-rendu de la consultation avec le pneumologue, consigné dans mon volumineux dossier médical, résume le sentiment de l'équipe de Ruffec concernant ce « patient » qui a « inhalé un produit chloré associé à des solvants » : « sur le plan respiratoire, l'évolution apparaît tout à fait favorable » et, « sur le plan radiographique, le cliché de contrôle apparaît tout à fait normal ».

Au bout de deux jours, je quitte mon lit d'hôpital pour aller me reposer à la maison.

Dix jours après l'accident, je commence à reprendre mes esprits et réalise que j'ai traversé l'épreuve en somnambule. Pour mes proches, je vais mieux et l'alerte est passée.

Depuis mon canapé, je reprends peu à peu les commandes de la ferme, tout en pestant contre tout ce que je laisse à faire dehors. Mais étrangement, moi qui suis plutôt un beau parleur et n'ai jamais eu de problèmes d'élocution, je commence à bégayer et ma mémoire, jamais prise en défaut auparavant, semble avoir pris la tangente.

Pour autant, toutes les blouses blanches continuent de tenir le même discours rassurant. Mon médecin de famille, Bernard, un copain, me tranquillise : « Tu t'es vu mourir, tu as été choqué, il faut te reposer. » Il fait semblant de ne pas entendre quand ma femme le pousse un peu dans ses retranchements : « Mais quand même, avec la dose qu'il a respirée… »

Quant à moi, j'ai tendance à lui faire confiance. Sylvie n'a pas toujours le bon thermomètre : elle est inquiète par déformation professionnelle !

Peut-être préoccupée par mes difficultés à parler et par ma toux, la médecin du travail de la MSA, qui est passée faire sa visite de contrôle à la maison, appelle à son tour le centre antipoison. On lui indique qu'il n'y a rien de particulier à faire. « Avec ce genre de produit, soutient donc la docteure, ce type de malaise peut survenir. Mais tout va rentrer dans l'ordre. Il faut faire une déclaration d'accident de travail. »

Le neurologue, lui, s'appuie sur les résultats du scanner, absolument normaux, pour échafauder l'hypothèse que mon bégaiement est dû au choc émotionnel. Bref, tout le monde penche pour un petit coup de mou psychologique. Et moi, je ne demande pas mieux que de le croire.

Très vite, je n'ai plus qu'une obsession : retourner bosser au grand air. Le mois de mai se termine, il y a urgence. Roland, mon salarié et l'apprenti sont en train de mettre en place le réseau d'irrigation du maïs. Les moissons approchent et, dans un mois, il va falloir ramasser les oignons. Chaque année, nous faisons venir une trentaine de saisonniers, cinquante quand la récolte est bonne. Il faut accueillir tout ce monde, les former, les encadrer.

Et puis, cela me changera les idées de me retrousser les manches. L'hiver, lorsqu'il y a du boulot, même avec un début de grippe, je vais au turbin. La seule fois où je me suis arrêté, c'est l'année où je me suis luxé le genou au ski.

Bref, au bout de cinq semaines d'arrêt-maladie, le deuxième de ma carrière depuis le BEP, je prie Bernard de passer me voir afin de lui demander un certificat d'autorisation de reprise du travail. Il prend ma tension et rédige une ordonnance. Moins détendu que d'habitude, il m'ausculte soigneusement puis me suggère de me ménager : « Il faut que tu fasses attention. » Le lendemain, je pose un couvercle sur ma fatigue et mes bégaiements, je cesse de prêter attention aux SOS lancés par mon corps et, comme un cavalier remonte à cheval après une chute, je saute sur mon tracteur.

4

SDF des hôpitaux

L'été 2004 s'achève et m'achève. Je maigris, bégaie et perds encore la mémoire. Moi qui ai toujours su faire avancer plusieurs missions en parallèle, j'oublie des tas de choses. Sans compter les sautes d'humeur : je m'emporte contre tout et tout le monde, mon salarié, l'apprenti ou mon associé.

« Tu ne peux pas rester comme cela », serine Sylvie, qui tente de se rassurer : les beaux jours sont toujours un moment difficile à la ferme. Un travail intense, beaucoup de tension à cause des récoltes, l'œil happé par la carte météo.

En septembre, je prends à nouveau rendez-vous avec Bernard, mon généraliste. Je veux bien mettre mon état sur le compte du choc émotionnel, mais c'est quand même étrange. Je lui confie également ce que je cache à Sylvie et aux filles : j'ai des vertiges qui me font perdre l'équilibre.

Le docteur prend cette fatigue très au sérieux : « Quand même, avec ce que tu as respiré au printemps… » Il décide de mener sa petite enquête. Et si le centre antipoison de Bordeaux s'était trompé le jour de l'accident ? Deux avis valent mieux qu'un.

Il contacte celui d'Angers, qui lui oppose la même certitude rassurante : « Ce ne peut pas être le Lasso. Avec ce genre de produit, il n'y a pas de danger. Il faut chercher ailleurs la cause des soucis de votre patient. »

Bernard me conseille d'y aller plus doucement et, encore une fois, on en reste là.

Mais le début de l'automne vire au calvaire. Je carbure à l'ibuprofène pour soulager mes migraines, de plus en plus fréquentes. Et je bégaie sans arrêt.

Comme je viens d'avoir 40 ans, certains autour de moi soupçonnent une petite crise existentielle ou les premiers symptômes du vieillissement. J'entends dire : « Tu en fais trop, il faut lever le pied. »

Mes plus proches, eux, se rassurent en se disant que, l'année n'ayant pas été bonne, j'accuse le coup. Des rendements moyens, les cours mondiaux en berne… comme le moral d'un céréalier est indexé sur ces deux paramètres de l'équation économique, cela fournit une explication aisée à mon mal-être. Jusqu'au jour où je manque de partir dans le décor. Littéralement.

Le dimanche 3 octobre, nous rentrons d'un mariage à Paris avec Sylvie quand, soudain, j'ai un moment d'absence sur l'A10. La bagnole, ça me connaît. Je sais gérer ma fatigue au volant, m'arrêter s'il le faut pour faire un petit somme.

Là, j'ai vraiment une sensation très bizarre, entre deux et cinq secondes de trou noir complet avant de revenir à moi. Heureusement, mon malaise a dû survenir sur une ligne droite et je n'ai pas dévié de trajectoire.

À côté de moi, Sylvie ne s'est aperçue de rien. Elle vient de prendre son nouveau poste de directrice de la maison de retraite de Ruffec : 70 employés, 99 résidents. Un vrai challenge pour elle. Fatiguée, elle s'est assoupie sur le siège passager.

Début novembre, une deuxième alerte survient tandis que je moissonne le maïs. De nouveau, une absence… Mais pourquoi suis-je au bout du champ ? Je n'ai rien à y faire… Pourquoi n'ai-je pas fait la manœuvre ?

Heureusement qu'il n'y a pas de fossé, sinon je me serais fichu dedans. J'ai bien traversé un chemin sans m'en apercevoir.

L'inquiétude me gagne. Est-ce du surmenage ? Les conséquences de l'intoxication ?

Je retourne chez le généraliste, qui prend les choses en main : « Il faut passer des examens, tu ne peux pas rester comme ça. » Je lui promets de lui rendre visite au lendemain de la fête d'anniversaire que Sylvie et moi organisons à la fin du mois.

Pendant ce temps, il m'obtient un rendez-vous chez un neurologue qui prescrit des examens complémentaires, et notamment une IRM, planifiée début décembre.

Il paraît que la soirée de nos 40 ans, le samedi 27 novembre 2004, était belle. Moi, je m'en souviens à peine. Ni des huit jours de préparatifs, au cours desquels je dois avouer à Sylvie, un après-midi où je tombe dans les pommes devant elle, qu'il m'arrive d'avoir des absences ; ni de la soirée en elle-même. Heureusement que ma femme avait pris un traiteur, je n'ai pratiquement pas pu l'aider.

Une centaine de copains et de membres de la famille rassemblés en notre honneur dans la salle des fêtes de Bernac et moi, au milieu, complètement au radar, pas vraiment là. Vingt-sept ans après, je me rappelle dans le détail le menu de notre mariage, mais suis toujours incapable de citer un seul des plats qu'on a mangés ce soir-là.

Le dimanche, tout est rangé, on dîne à la maison avec deux couples d'amis venus de loin, restés pour prolonger un peu les festivités. Impossible de profiter d'eux. À un moment, je monte me coucher. Je n'en peux plus, j'ai mal au crâne. L'ibuprofène ne me fait plus rien. Ça tambourine vraiment fort dans mon crâne.

Il y a des semaines que Sylvie est morte d'inquiétude. Même durant les moments compliqués, ces années où les rendements n'avaient pas été au rendez-vous et où, à cause des emprunts, il avait fallu vivre sur son salaire, elle ne m'a jamais vu aussi à plat.

Un récent coup de fil de Michèle, ma comptable depuis vingt ans, lui trotte dans la tête. « Paul, je ne le reconnais pas. Il est toujours en retard dans ses papiers, mais là… Il est complètement déprimé. » Et encore, cette dernière ne lui a pas avoué que je me suis écroulé dans son bureau. Moi qui ne versais jamais une larme avant l'accident, j'y ai pleurniché comme un gamin.

Au fond, je sais bien que ce n'est pas un coup de déprime. Quelque chose ne tourne vraiment pas rond. Je ne peux plus vivre à 200 à l'heure comme avant l'intoxication, ni gérer toute l'activité de la ferme. J'ai l'impression d'être un bon à rien, condamné à fonctionner au ralenti.

Le lendemain matin, lundi 29 novembre, à 8 heures, la douleur n'a pas diminué. Sylvie passe à l'action : « Tu as la nuque raide, Paul, je t'emmène aux urgences. »

Ce jour-là, un de ses copains médecin anesthésiste est de garde. Mon état l'inquiète. Il craint une méningite, me trouve « hyper-douloureux » et « peu réceptif aux antalgiques » : « On va être obligé de le sédater et de l'intuber pour le transporter par SAMU à Poitiers. »

Mon épouse file à la maison récupérer des affaires pour moi, prévient mes parents et charge sa mère de s'occuper des filles. Entre Ruffec et Poitiers, elle suit mon ambulance pied au plancher dans sa voiture, sans s'occuper des radars ni des feux rouges. Aussi, quand elle arrive devant le CHU, elle se fait agonir par l'ambulancier.

Ici, aucun traitement de faveur amical ne m'est réservé. Sylvie ne connaît personne, je suis un malade lambda. Un infirmier passe de temps à autre dans le box. Sylvie surveille ma respiration et mon pouls. Aucun signe d'hémorragie sur le scanner. Il faudra continuer les investigations. En attendant, on me transfère en réanimation. La ponction lombaire confirme qu'il ne s'agit pas d'une méningite.

Pour moi, le cauchemar commence vraiment lorsque les produits anesthésiants se dissipent. Je me retrouve à poil sur un lit, branché à des tuyaux. Plusieurs fois par jour, des décharges électriques se déclenchent dans la tête… Ces douleurs sont insupportables.

Je tiens bon quand la crise est de courte durée, mais, lorsqu'elle s'éternise, cela s'apparente à de la torture. Mais qu'est-ce que j'ai ?

Sylvie, qui furète dans le service, ne comprend pas quel médecin s'occupe de moi. Entre les externes, les internes, les praticiens hospitaliers, elle n'a jamais le même interlocuteur. Même si on ne le lui dit pas clairement, elle devine que mon cas est préoccupant et que la cause de mes douleurs demeure mystérieuse.

Tout ce dont les blouses blanches sont certaines, c'est qu'elles ne savent pas, et qu'elles préfèrent se montrer fuyantes et évasives que de l'assumer.

Le 3 décembre, je retourne à l'hôpital de Ruffec en ambulance. Pas plus avancé qu'à l'aller : officiellement, je n'ai rien du tout. La preuve, un placebo a réussi à mettre fin à l'une de mes crises. Les médecins oublient que, à d'autres reprises, la douleur s'était calmée d'elle-même. Ils n'ont pas non plus fourni d'explication à ces pics durant lesquels je perds connaissance. Pour eux, je souffre probablement de surmenage ainsi que d'une intense fatigue et je dois rester en observation. « Votre mari est épuisé, il lui faut du repos », dit-on à Sylvie. Quant à ma lettre de transfert, elle se conclut par ces mots : « Soutien psychologique à prévoir. »

Mais alors, pourquoi ai-je, de façon intermittente, de telles crises de migraine ?

En décembre, je prends mes quartiers à l'hôpital de Ruffec. Je dors beaucoup, les visites sont limitées. J'en sors le 12, mais, dès le 19, une nouvelle crise me terrasse à la maison. Des examens complémentaires sont jugés nécessaires.

L'IRM réalisée à Angoulême paraît normale. L'hypothèse d'une dépression est privilégiée jusqu'à ce qu'une psychiatre indique, après m'avoir vu à trois reprises, qu'elle ne croit pas que l'anxiété puisse être à l'origine de mes maux de tête et de mes vertiges. Elle pense que je suis un peu dépressif parce que je suis malade, et non l'inverse.

Ma longue descente aux enfers se poursuit. Nous passons Noël en petit comité avec mes parents et ceux de mes frères qui sont en Charente pour la fin d'année. Un de mes frangins me conseille de me secouer…

Heureusement, je peux compter sur le soutien indéfectible de ma sœur. Marie m'appelle souvent. Qui mieux qu'elle saurait trouver les mots pour m'aider à traverser cette mauvaise passe ? En 1975, alors qu'elle avait 21 ans, Marie a eu une leucémie. Les traitements n'étaient pas aussi performants qu'aujourd'hui et mes parents ont cru la perdre.

Après une hospitalisation à Paris, plusieurs chimiothérapies et radiothérapies, ma sœur s'en est sortie par miracle. La vie n'a plus jamais été la même, car Marie a gardé un handicap, mais elle a repris ses études et même trouvé un travail au diocèse à Poitiers.

À chaque appel, elle me remonte le moral. Sa foi l'aide, mais, moi qui ne crois pas, à quoi puis-je me raccrocher ? En même temps, nos conversations m'apaisent. Par rapport à ce qu'elle a vécu, mon coup de pompe, ce n'est pas grand-chose.

Enfin… pour l'instant.

Le 30 décembre, une de mes filles et ma belle-mère me voient pâlir. J'ai juste le temps de leur dire que je ne me sens pas bien avant de m'écrouler. Je reprends peu à peu connaissance dans l'ambulance qui m'emmène au CHU de Poitiers.

Est-ce que j'ai eu de la bûche glacée le soir du réveillon alors que j'étais hospitalisé dans le service de neurologie loin de ma famille ? Je ne garde aucun souvenir de ce séjour à l'hôpital si ce n'est que mon moral est au plus bas.

Le compte-rendu fait le récit d'une de mes crises : « Un malaise avec rupture de contact sera constaté. Monsieur François Paul étant retrouvé au sol présentant un trouble de conscience sans mouvements anormaux. Après tentative d'ouvrir les yeux, reprise de la conscience habituelle. » La conclusion de la docteure de Poitiers verse dans le flou : « Une origine psychogène a été évoquée. » Moi qui ne prenais jamais de médicaments, je dois gober désormais une douzaine de cachets chaque jour. De là à dire que je vais mieux...

Comme on ne trouve pas ce dont je souffre, on me libère. Mais je finis toujours pas revenir entre les quatre murs blancs des hôpitaux. Le 14 janvier, direction Poitiers dans l'ambulance du SAMU.

Cinq jours après, alors que je suis rentré à la maison, le chef du service de médecine interne de Ruffec fait un saut à la maison après le boulot en début de soirée. C'est un ami de Sylvie, il m'a eu dans son service en décembre et veut prendre de mes nouvelles.

Nous discutons tous les trois dans le salon. « Sylvie, ça ne va pas du tout », dis-je à un moment avant de perdre tout à coup conscience. « Regarde ! crie-t-elle à son collègue. C'est pareil à chaque fois. »

« Le patient est rentré dans un état d'absence prolongée, ne répondant pas aux questions et réagissant peu au stimulus », notera plus tard ce même médecin dans mon dossier.

Sylvie vivait dans la hantise de mes trous noirs, se demandant sans cesse : « À quand le prochain ? » Elle raconte que je commençais par avoir du mal à parler, puis que je me mettais carrément à bégayer. Petit à petit, je partais. Et si je me brisais le crâne en tombant sur le carrelage ?

Sans me l'avouer, ma femme avait peur pour ma vie. À chaque crise, elle ne savait pas si j'allais me réveiller et dans quel état.

Durant cet automne et ce terrible hiver, elle repensait sans arrêt à mon dernier transfert en ambulance vers Poitiers. J'avais perdu conscience durant six heures et mon pouls était monté à plus de 200, contre 80 en temps normal.

Mon cœur allait-il résister ?

5

Pris en Pitié

Ni une ni deux, l'ami médecin de Sylvie m'embarque dans sa voiture, ce 19 janvier 2005. C'est la première fois qu'il assiste à un de mes malaises.

Il fonce vers l'hôpital de Ruffec avec un objectif : me faire passer au plus vite un électroencéphalogramme. Selon lui, un point crucial doit être éclairé : que se passe-t-il dans mon cerveau durant ces moments de crise ?

La deuxième tentative sera la bonne. Le 25 janvier, durant mon hospitalisation à Ruffec, je m'éclipse une fois encore. « Monsieur François a de nouveau présenté un malaise, relate le neurologue. On décrit une perte de connaissance assez brutale, un encombrement broncho-pulmonaire marqué [...]. Il y a eu quelques mouvements anormaux au moment de ce malaise. Le patient se calme, mais reste dans un état de conscience extrêmement altérée. Il ne répond pas aux ordres simples. »

L'examen pratiqué juste après cette attaque révélera des anomalies neurologiques, ou plus exactement « un tracé de souffrance avec des paroxysmes francs, diffus, permanents ». C'est une première : d'habitude, rien n'apparaît, et cette absence de signal a toujours alimenté l'hypothèse d'une dépression.

Autre changement, l'ami de Sylvie choisit de m'envoyer en neurologie à l'hôpital d'Angoulême plutôt qu'au CHU de Poitiers, où les précédentes investigations n'ont rien donné. Je séjourne dans cet établissement jusqu'au 1er février avec, pour la première fois, l'impression d'être pris au sérieux.

Un électroencéphalogramme réalisé après une autre attaque détecte une « souffrance cérébrale ». « Il y a un problème épileptique. Ce n'est pas psychiatrique », me dit-on. J'avoue que cela me surprend un peu. Il n'y a pas d'antécédent parmi mes proches et il me semble que le grand mal se déclare en général avant l'âge de 40 ans.

Le compte-rendu de ce séjour témoigne néanmoins d'une volonté de bien me soigner. On reconnaît que mon histoire est « assez compliquée ». Mon intoxication figure parmi mes antécédents médicaux ainsi que les « doutes » de ma famille, qui se demande si tous mes pépins de santé ne sont pas dus à mon « inhalation accidentelle » de produits chimiques. Quant à mon « anxiété », elle est jugée « relativement légitime » vu mon état.

En définitive, le neurologue, aussi sérieux que prudent, se demande si je ne suis pas en train de devenir épileptique. Il précise que, si tel est le cas, il faudra s'assurer que cette forme tardive n'est pas la conséquence de mon accident.

Mes proches m'ont longuement relaté la fièvre qui s'est emparée d'eux à ce moment-là. Les conseils de famille se multiplient par téléphone. Mon frère Patrick, alors vice-président d'une association internationale catholique en région parisienne, perd patience. Jean-Noël, notre aîné, l'a alerté sur mes comas à répétition et le presse d'agir. Pour être exact, il lui a ordonné d'ouvrir au plus vite son épais carnet d'adresses : « Fais quelque chose sinon Paul va crever. »

Sylvie, elle, passe ses nuits en solitaire à brasser une évidence : à part un petit rhume de temps en temps, je n'ai jamais eu de problèmes de santé avant l'intoxication. Elle se désole que les médecins n'explorent pas vraiment cette piste-là. Et si c'était le point de départ de tous mes soucis ? Elle veut bien admettre qu'elle se trompe, à condition qu'on lui démontre que ces produits sont inoffensifs.

Ma femme livre ses soupçons à son ami médecin, celui qui m'a hospitalisé plusieurs fois dans son service à Ruffec.

Ce spécialiste des addictions trouve que mes crises bizarres ressemblent plus à celles de malades en proie à certaines substances qu'à celles de patients atteints de problèmes psychiatriques. Pour lui comme pour ma femme, je ne suis pas un vrai dépressif.

Entre-temps, Patrick a mobilisé un ami qui exerce de hautes responsabilités dans l'industrie pharmaceutique. Cette relation passe un coup de fil à un ponte de l'épileptologie qu'il connaît bien. Une heure plus tard, un lit se libère pour moi à la Pitié-Salpêtrière.

Je peux rentrer dès le lendemain. L'espoir revient. Un médecin d'Angoulême me rassure : « Vous avez une chance inouïe. Ce professeur m'a formé, c'est un cador. Et vous allez être suivi dans le temple de la neurologie ! »

Je garde un souvenir assez flou des soixante-trois jours passés dans le grand hôpital parisien. Sans doute parce que la petite lumière entrevue dans l'ambulance qui me mène vers la capitale, ce 3 février 2005, s'est vite éteinte.

Mauvais présage : malgré la présence de Sylvie à mon côté, le voyage ne se déroule pas très bien. Je suis épuisé, j'ai un nouveau malaise et il faut faire une pause du côté de Tours. Ma femme sent que l'ambulancière, une cousine éloignée, et son collègue, qu'elle croise régulièrement à l'hôpital, me regardent d'un même air apitoyé.

Le véhicule avance sous le porche, puis se gare. Les deux ambulanciers me transfèrent du brancard sur un fauteuil roulant et reprennent la route vers la Charente. Avec Sylvie, nous attendons que la chambre soit prête. Au bout d'un moment, le chef de clinique frappe. Quel homme chaleureux et sympathique ! C'est sûr, il va m'aider. La solution de mon énigme intime va rapidement être trouvée. « Monsieur, dans quinze jours vous êtes sur pied et vous rentrez chez vous ! »

Entrecoupées d'une IRM, d'une échographie cardiaque ou abdominale, les journées s'écoulent lentement.

Les relations avec les autres malades, la plupart épileptiques, se résument à un bonjour ou un bonsoir au moment de se croiser dans la salle de douches commune. Les jours où je ne suis pas assailli par les seringues et les perfusions, je m'offre une excursion à la chapelle Saint-Louis.

Heureusement, Laurent, un ami d'enfance qui vit à Paris et avec lequel j'ai toujours beaucoup ri, bouleverse son agenda de haut cadre surchargé pour me tenir compagnie. Un soir, il me trouve allongé, les yeux révulsés, en plein malaise. Mais, les autres fois, nous faisons les andouilles et tirons des plans sur la comète : je lui dévoile mon projet d'installer un potager dans les espaces verts de la Pitié-Salpêtrière.

Un jour, il débarque dans ma chambre avec un grille-pain, des toasts, du foie gras et du vin blanc. Une entorse au règlement qui, grâce à la complicité des infirmières, vire à la rigolade ! Ensemble, nous parlons de choses et d'autres, mais jamais longtemps de ma maladie. Il fait semblant de ne pas remarquer que son copain est beaucoup diminué.

Le 14 février, lorsque mes parents passent à petits pas la porte de ma chambre, je me redresse dans mon lit. À cause de leur âge, Sylvie leur a longtemps dissimulé la gravité de mon mal. Ainsi, quand je les appelle, j'embellis un peu le tableau et je promets un retour rapide en Charente. Mais dix jours ont passé et Thérèse, qui ne me voit pas revenir, n'aime guère qu'on lui cache des choses et connaît intimement la maladie depuis le cancer de ma sœur, assaille ma famille de questions.

Dans un premier temps, cherchant à les protéger, tous tiennent des propos rassurants à mon sujet. Sauf que mes parents continuent de s'inquiéter. Aussi ma femme finit-elle par leur lâcher que mon état est préoccupant, les poussant à venir.

Leur visite m'offre une vraie récréation et les rassure. Sauf que le lendemain après-midi, au moment des au revoir, ils trouveront mon lit vide. « On l'a transféré, il est en soins intensifs », leur explique une infirmière.

Durant ces longues journées d'hôpital, je me languis de mes filles, qui n'ont pas le droit de me rendre visite. On compense par des coups de fil, mais, en 2005, je ne suis pas encore branché sur Skype ou Facetime et suis privé de leur image. Je dois me contenter de leurs voix inquiètes à l'autre bout du combiné.

Heureusement, chaque vendredi soir, Sylvie débarque en TGV depuis Ruffec. Elle passe le week-end avec moi et dort sur un petit lit de camp. « Trois nuits par semaine », c'est le refrain qui lui trotte dans la tête lorsqu'elle reprend le train en sens inverse le lundi matin.

Désormais, à chaque fois qu'elle vient me retrouver, ma femme paraît préoccupée. Pas seulement parce qu'elle s'occupe seule de Laura et Amandine et que la pression est maximale à la maison de retraite. Mais bien parce qu'il lui est impossible de parler avec les médecins.

Le week-end, les chefs de service et les praticiens hospitaliers sont absents. Elle doute que la jeune interne en neurologie, malgré son sourire et son dévouement, puisse démêler seule l'écheveau de mes problèmes.

Un matin, elle s'agace parce que j'ai fait une crise la nuit et qu'aucun examen n'a été pratiqué en urgence. Elle s'échine à réclamer la mise en place d'un protocole pour que les infirmiers sachent comment réagir à mon prochain malaise.

Un vendredi soir, sa colère explose. Quelques heures plus tôt, alors que j'étais en ligne avec elle, elle a senti que je perdais le fil de la conversation et prévenu l'hôpital de l'imminence d'une attaque. Le personnel lui a promis d'agir vite pour que soient menés des examens post-crise.

Peine perdue : à son arrivée à Paris, elle me trouve seul et inconscient dans mon lit. Personne n'a osé déranger le médecin de garde qui aurait pu décider de m'envoyer passer un électroencéphalogramme.

Il me suffit de me replonger dans mon dossier médical pour tomber sur la chronologie précise de tous ces malaises.

Premier épisode le 15 février. Vers 15 h 15, note le médecin, « le malade est retrouvé dans son lit avec des trémulations des quatre membres modérées et désorganisées. Les yeux sont ouverts en continu. Le patient ne répond pas, mais peut suivre du regard ». Après un électroencéphalogramme qui ne décèle « pas d'anomalie épileptique spécifique » et quelques heures en réanimation, retour dans ma chambre. « L'épisode cède spontanément vers 23 heures », indique la docteure.

Le 24 février au matin, je me retrouve courbaturé. Je perds mes mots et bégaie. Puis mes bras et mes jambes se mettent à trembler. Nouvel examen et même constat : « pas d'anomalie épileptique ». Le 4 mars, c'est-à-dire la fois où Sylvie s'énerve, le compte-rendu d'hospitalisation confirme qu'il était trop tard pour m'envoyer passer un examen. Mon pouls est pourtant monté à 110 et je parle au ralenti.

Une semaine plus tard, l'attaque survient la nuit après une violente crise de migraine. Les deux appareils de pointe auxquels on me soumet sont unanimes : « pas d'anomalie épileptique », conclut le médecin.

À chaque fois que je reprends mes esprits, la même vilaine question revient me hanter : et si l'anomalie, c'était tout simplement moi, atteint d'un mal mystérieux dont les causes échappent aux plus brillants professeurs ?

La nuit, je me réveille et me dis que je vais mourir ici, sans jamais revoir Amandine et Laura. Durant les week-ends, quand Sylvie est allongée à côté de moi, je lui répète : « Il faut que tu me sortes de l'hôpital ! » En général, ma femme me rassure et je plonge dans le sommeil un peu rasséréné. Mais elle me ment, par amour. Mon ami parisien Laurent m'a fait une confidence il y a quelques temps : à ce moment-là, Sylvie était persuadée que mon cœur, malmené par les attaques, allait lâcher. Un vendredi soir, elle a même rapporté dans sa valise un pantalon et une chemise. Je les ai pris pour de simples rechanges. C'étaient des vêtements pour « le cas où ».

6

L'enquête

Tandis que je me désespère sur mon lit d'hôpital, mes proches posent l'équation en ces termes : des crises à répétition, pas d'amélioration, ni l'ombre d'une piste. Or tout bon matheux sait que, en cas d'impasse, il faut changer de perspective, formuler le problème autrement. Patrick prend les choses en main. Il sent que je ne vais pas mieux et que les blouses blanches n'ont pas le début d'une hypothèse. Lui, estime qu'il faudrait revenir au point de départ de mes ennuis, au jour de mon accident.

Depuis mon arrivée à la Pitié, mon frère, dont les journées sont pourtant si chargées, ne compte pas le temps qu'il passe à mon chevet. Il néglige sa femme et ses trois filles, donne des gages au président de son association en consacrant ses nuits à son boulot tandis que ses jours me sont dédiés. Avec lui, ce n'est pas de la rigolade. Encore moins depuis ce moment où, lors d'une crise, il me voit partir en vrille, les yeux ouverts, clignant frénétiquement des paupières, sans réaction face à sa main qui tente de rétablir un contact avec moi.

Pour essayer de comprendre, mon frère me soumet à un véritable interrogatoire policier. Depuis quand ai-je des malaises ? Toutes mes crises se ressemblent-elles ?

Je lui confie l'histoire du trou noir de la moissonneuse-batteuse, celle de l'autoroute. Pas à pas, il reconstitue la chronologie de mes troubles. Il réalise qu'ils n'ont jamais disparu : entre les malaises, il y a toujours eu des maux de tête, des vertiges ou autres symptômes bizarres. Puis, il se met à envisager les causes de ce dérèglement et à se demander si un mécanisme étrange n'est pas à l'œuvre dans mon corps. Le poison pourrait avoir déclenché tout une cascade de conséquences neurologiques.

Grâce à mon frère, je prends à mon tour conscience que je vais mal depuis mon accident et qu'il faudrait être certain qu'il n'y a pas de lien entre mon état de santé et l'intoxication. Dire que, alors que la polémique sur les dangers des semences OGM truste les journaux télévisés, je n'ai même pas imaginé que Monsanto puisse être responsable de mes malheurs !

Mais je ne suis pas le seul. Dans ma famille, certains se persuadent que le produit ne peut pas être resté en moi et que je traverse une grosse phase de dépression.

Entre deux déplacements à l'étranger, Patrick fait un saut dans le laboratoire parisien d'un certain Francis Rocchiccioli, pharmacien et biochimiste de son état, dont le nom lui a été soufflé par un copain.

Le chercheur, qui officie dans un local rempli de pipettes au sous-sol d'un hôpital public, l'écoute longuement. Il veut connaître avec précision la composition de l'herbicide que j'ai respiré. Il arrive que les étiquettes soient imprécises ou incomplètes. Car, outre la substance active tueuse de mauvaises herbes, le produit contient, comme tous les pesticides, des molécules variées (solvants, adjuvants, etc.) qui peuvent jouer un rôle dans la toxicité du mélange final. « Il se pourrait qu'un composant se soit fixé dans les tissus adipeux, sur les graisses. Régulièrement, quand il repasse dans le corps, il déclenche une crise. Les attaques de votre frère pourraient être des sortes de dégazages. »

Francis Rocchiccioli n'a pas la prétention de détenir la vérité. Il échafaude une hypothèse intéressante et donne à mon frère la marche à suivre pour essayer de la vérifier. « Monsieur François, pour en avoir le cœur net, il faut qu'on sache ce qu'il a inhalé. J'imagine que vous avez pris avec vous les résultats des analyses de sang et d'urine pratiquées au moment de son accident. Puis-je y jeter un œil ? »

L'esprit cartésien de mon frère accuse le coup. Patrick est incapable d'expliquer pourquoi ces examens n'ont pas été demandés. Au fil de la discussion, il commence à découvrir que le milieu de la toxicologie n'est pas tout blanc.

Le biochimiste, lui, en a vu d'autres. Promettant de nous aider, il demande à mon frère de récupérer un échantillon du maudit pesticide et de le faire analyser. Il va lui communiquer les coordonnées d'un laboratoire « irréprochable » où l'herbicide sera passé au spectrographe de masse. Patrick ne saisit pas bien en quoi consiste la manipulation, mais le scientifique est pressé.

Pendant que je m'abrutis devant la télé à l'hôpital, mon frère passera des heures sur Internet. À la fin, il m'expliquera avec la clarté d'un savant que cet appareil permet d'identifier les molécules grâce à la mesure de leur masse.

Mon frangin ne perd pas une minute. Le soir de son rendez-vous avec le chercheur, il appelle Roland au village, qui lui confirme que la coopérative dispose de bidons non entamés du produit, venant du même lot de fabrication. Et le lendemain matin à 7 heures, mon associé et mon frère Jean-Noël si dévoués, capables de rouler une bonne partie de la nuit pour venir à mon secours, lui livrent l'herbicide au péage de Saint-Arnoult en Yvelines.

Il faudra ensuite une semaine entière pour trouver un laboratoire « irréprochable », ainsi que l'avait exigé Francis Rocchiccioli. Comme s'il imaginait déjà la suite, mon combat, les procès…

Le téléphone sonne enfin. Le biochimiste souffle à Patrick le nom d'un spécialiste du risque chimique à contacter de sa part. L'homme est installé dans le 18e arrondissement, au nord de Paris.

Après avoir passé trois portes munies de digicodes, mon frère pénètre dans un laboratoire spécialisé en toxicologie et environnement : un établissement ultra-équipé, tout ce qu'il y a de plus sérieux, agréé par la cour d'appel de Paris. Il remet la petite bouteille de verre au docteur sans préciser pourquoi Francis Rocchiccioli a demandé cette analyse. Mieux vaut rester discret lorsqu'on opère en lisière des circuits officiels.

Mes coursiers de luxe reviendront eux-même chercher les résultats. À leur lecture, Francis Rocchiccioli voit son pressentiment confirmé. Certes le bidon contient un herbicide, l'alachlore. Mais aussi, en quantité encore plus importante, un solvant, du monochlorobenzène.

Dix fois plus dangereux que le principe actif, ce liquide incolore à l'odeur forte a la réputation d'être un toxique très puissant pour le système nerveux. « Je connais ce foutu produit ! J'ai déjà eu vent d'accidents ici ou là », dit le scientifique à mon frère.

La nouvelle vient conforter son hypothèse d'une contamination persistante. Mais ce n'est qu'un début. Reste à mettre au jour la chaîne des causes. Et surtout, à prouver que le solvant, toujours tapi dans mon organisme, refait surface à la faveur de dégazages sauvages. Pour le démontrer, il va falloir le traquer, ou plus exactement détecter son métabolite, c'est-à-dire son produit de transformation, dans mon sang ou mes urines. « L'idéal, serait de procéder à des analyses avant une crise, pendant et après », martèle Francis Rocchiccioli.

Personne n'imagine à quel point il fut compliqué de faire réaliser une série de prises de sang dans un des fleurons des hôpitaux parisiens. Ce qu'un enfant de 10 ans peut aisément comprendre, les pontes de la médecine ne voulaient pas l'admettre. Quel cauchemar !

Mon frère fait le siège des blouses blanches pour les convaincre de nous aider. Peine perdue. « Mais ce produit est très volatil, c'est impossible qu'il en ait encore dans le corps », répondaient-elles invariablement. Et lui s'acharnait : « Oui, c'est "impossible" en théorie, mais mon frère subit des crises qui sont peut-être des séquelles de son accident. Il faut poursuivre les recherches et, le mieux, c'est de recueillir des éléments objectifs au moment des attaques. »

Un autre jour, mon frère affronte le chef de service. L'homme ne comprend pas ce que nous ferons des prélèvements. « Vous ne retrouverez pas le produit. C'est impossible, vous vous en rendriez aisément compte si vous étiez médecin. »

Il faut beaucoup de courage à Sylvie pour accepter l'idée que son monde, celui de la médecine, des hôpitaux, soit à ce point sourd à nos demandes. Une infirmière a tendance à faire confiance aux médecins. Là, elle doit aller contre leur immobilisme borné.

Comme les miennes sur l'agriculture, ses certitudes, les valeurs auxquelles elle a toujours cru, vacillent. Mais ma femme finit par avoir raison des réticences médicales. Le chef de clinique qui nous avait si bien accueillis exige que les prélèvements soient faits.

Logiquement, je me tourne vers le laboratoire dont le sérieux a permis de découvrir la présence de monochlorobenzène. Cette fois, l'abord est glacial. « Mais qui êtes-vous au juste ? Que faites-vous ? » Le biologiste réalise que ses analyses n'étaient pas destinées à alimenter les travaux d'un chercheur du public, mais à faire la lumière sur l'intoxication d'un individu lambda, et il refuse de nous aider.

Heureusement, quelqu'un me met en contact avec un autre laboratoire d'analyses toxicologiques à Nantes. Dès le premier échange téléphonique, l'avertissement est clair : le dosage d'un des métabolites du chlorobenzène est une opération délicate et le spécialiste exclut la possibilité d'en trouver plusieurs mois après une intoxication aiguë.

Un autre expert important fait son apparition dans ma vie à ce même moment. Le deuxième maillon d'une chaîne de solidarité qui ne cessera de s'agrandir et sans laquelle je serais probablement resté un céréalier de Charente au destin brisé par son accident de travail.

Francis Rocchiccioli met mon frère en contact avec un de ses amis, André Picot, l'expert du monochlorobenzène en France.

L'homme est un chimiste familier des risques engendrés par les produits sur la santé de leurs utilisateurs. C'est surtout un puits de science et de créativité, un chercheur au doux regard, absorbé par ses dossiers, toujours prêt à résoudre une nouvelle énigme pour aider une victime démunie. Une fois qu'André Picot tient la solution, il prend le temps d'expliquer, de transmettre, et tout devient limpide.

Depuis qu'il a pris sa retraite du CNRS en 2001, celui qui fut l'un des pionniers de la toxicologie en France, auteur de nombreux ouvrages et publications scientifiques, dix ans durant expert pour l'Union européenne, n'a jamais cessé de travailler. Il turbine même plus qu'avant sans penser à monnayer son immense savoir.

Aujourd'hui, nous sommes proches, mais, à l'époque de mon hospitalisation à la Pitié, c'est avec Patrick que discute André Picot. Les deux hommes s'appellent quasiment tous les jours. Ils sont également en contact étroit avec Sylvie.

En parallèle, mes anges gardiens, Patrick, Laurent et Sylvie, se démènent pour trouver un contrepoison. Un lundi matin, avant de reprendre son TGV pour Ruffec, Sylvie décide d'appeler le siège français de Monsanto, en banlieue lyonnaise. On lui passe un médecin à qui elle confie que son mari a de graves problèmes de santé après avoir respiré du Lasso. Elle veut savoir si des chercheurs de la multinationale ou des ouvriers n'ont pas présenté des symptômes similaires aux miens, si d'autres accidents ne sont pas remontés à l'entreprise.

Son interlocuteur assure n'avoir connaissance d'aucune alerte, mais il note ses coordonnées et promet de se renseigner. Quelques semaines plus tard, après mon retour à la maison, un cadre de Monsanto France la contacte en demandant de mes nouvelles. L'homme insiste :

« Nous sommes à votre écoute et prêts à vous indemniser au besoin.

– Je vous demande simplement si vous avez un antidote pour mon mari.

– Non, non, on n'a jamais eu de problèmes.

– Tant pis. Je dois vous laisser, mon mari ne va pas bien. J'ai peur pour sa vie.

– Ne vous inquiétez pas : si un malheur arrivait, nous serions là pour assumer.

– Mais ce n'est pas ce que je vous demande ! Je vous demande simplement si vous avez un antidote. Je vous demande juste de le sauver ! »

Il vaut mieux s'adresser au bon Dieu qu'à ses saints, dit-on. Qui sait si les experts de Monsanto aux États-Unis n'ont pas eu vent d'intoxications similaires à la mienne ? Et tant qu'on y est, ne pourraient-ils pas nous fournir la composition détaillée de l'herbicide ?

Laurent, qui fut banquier d'affaires à Londres dans une précédente vie professionnelle, maîtrise suffisamment bien l'anglais pour essayer de les joindre. Il réussit à parler à Daniel Goldstein, le directeur médical et scientifique de la compagnie.

Pédiatre de formation, ce spécialiste en toxicologie se montre extrêmement courtois, affable même. « Nous allons faire le maximum pour vous aider, je lance immédiatement des recherches et vous fais signe », promet le médecin. Promesse tenue : il rappelle Laurent quelques jours plus tard. « On a tout regardé, personne n'a jamais eu de problème. Nous n'avons trouvé trace d'aucun cas du même genre », annonce-t-il.

Mon ami insiste, se met en colère, mais l'Américain reste très calme. « Écoutez, je comprends votre désarroi, je relance des recherches. » Concernant la composition du Lasso, il n'est pas plus disert. « Vous pouvez vous fier à l'étiquette. Il n'y a rien d'autre », balaie-t-il.

Après avoir raccroché, Laurent se demande si sa politesse n'était pas un leurre. Un sourire dans la voix, lui aurait-il claqué la porte au nez ?

« Combien veut la famille de votre ami pour clore l'affaire ? » Laurent n'en croit pas ses oreilles.

Quelques jours après le dernier appel de Monsanto États-Unis, un certain docteur Jackson lui téléphone. Ce Britannique au français parfait est un ancien salarié de la multinationale qui a monté une société de conseil. Il est missionné pour négocier avec moi.

Laurent, en chef d'entreprise familier des travers du système capitaliste, est sonné. Comme Sylvie et moi :

Monsanto nous propose de l'argent alors que l'urgence est de sauver ma peau !

À la même époque, le trio bataille pour m'obtenir un rendez-vous au centre d'information toxicologique d'Île-de-France situé à l'hôpital Fernand-Widal. Cet établissement dépendant de Lariboisière, où mon frère espère me faire transférer, est le seul centre antipoison de la région parisienne.

La mission s'annonce facile, car André Picot connaît le patron, un type intègre. Il suffit que mon frère prononce le nom du chercheur au téléphone pour que le chef du service se détende, tout prêt à l'écouter raconter mon accident.

« De quel produit parlez-vous, monsieur François ?

– Du Lasso de chez Monsanto.

– Ah, Monsanto, d'accord. »

Mon frère a repensé au silence gêné du toxicologue, auquel, sur le coup, il n'a pas prêté attention. La conversation s'est très vite interrompue et son correspondant, *a priori* tout à fait favorable à mon transfert, l'a prié de rappeler le lendemain en fin de soirée.

C'est là que tout se complique. Mon dossier a prétendument disparu. « Monsieur, c'est terrible ce qui nous arrive, explique l'expert à Patrick. Une salle a été inondée. Un truc complètement dingue. Je suis vraiment désolé. Impossible pour nous d'accueillir votre frère sans son dossier. Il va falloir attendre. »

La semaine suivante, lorsque Laurent essaie à son tour de joindre le centre antipoison, un autre élément est invoqué : le feu ! « Il y a eu un incendie, on n'a pas le dossier », lui annonce-t-on.

Laurent et mon frangin ont l'impression désagréable d'être plongés dans un mauvais thriller. Ils m'en parlent en ces termes : « Il y a anguille sous roche, c'est trop énorme ! »

Depuis les Arcs où il est allé skier en famille, mon vieux copain a alors une idée de génie. Il demande à mon frère de taper sur Google le nom du patron du centre antipoison ainsi que Monsanto.

Patrick n'en croit pas ses yeux : six mois auparavant, le toxicologue a participé à Saint Louis, dans le Missouri aux États-Unis, à un colloque organisé par la multinationale américaine, dont le siège social est situé dans cette ville. Mieux, il a prononcé le speech introductif du congrès avant de prendre la parole une seconde fois.

Évidemment, Daniel Goldstein, le directeur médical de la compagnie, était lui aussi de la partie. La page sur laquelle s'est affiché le résultat de cette requête a assez vite disparu. Si Patrick n'avait eu la présence d'esprit de procéder à une capture d'écran, j'aurais été incapable, par la suite, de pointer du doigt publiquement le lien d'intérêt entre le médecin qui me refusait son aide et la société américaine.

« C'est bon. Le type intègre, il travaille avec Monsanto », conclut Laurent. André Picot, immédiatement mis au courant par mon frère lâchera simplement : « Encore un qui est tombé. » Le savant n'avait pas l'air si surpris que cela, ni même effondré.

7

Une histoire de fou

Autour de moi, ce 22 mars 2005, certains malades ont les yeux en vadrouille. Leurs voisins se cramponnent les mains ; d'autres, encore, crapahutent dans la pièce. Je les regarde, incrédule, avec l'impression d'avoir été catapulté parmi les personnages de *Vol au-dessus d'un nid de coucou.*

Comme le héros joué par Jack Nicholson, qui se fait interner pour échapper à la prison, j'ai accepté de subir une évaluation psychiatrique. Sylvie a bien tenté de m'en dissuader : « Tu ne te rends pas compte, tu ne sais pas ce qu'est un hôpital psy ! » Mais je veux en avoir le cœur net : suis-je vraiment malade ou en passe de devenir fou ?

Après tout, si mes symptômes sont dus à la dépression, ce n'est pas une maladie honteuse, il me suffira d'être soigné correctement.

Pourtant situé à la Pitié-Salpêtrière, à deux pas du service de neurologie où je viens de passer des semaines, celui de psychiatrie est un monde à part. Devant tous ces gens vraiment mal en point, je me demande si je n'ai pas fait une énorme connerie. Mais l'infirmier qui vient me chercher est rassurant : « Vous vous êtes trompé de salle. Vous n'êtes pas encore là, vous. Il faut d'abord passer un bilan. »

Après une matinée consacrée à des tests et à des examens, je suis reçu en consultation par le chef de service. Au bout d'un entretien d'une heure, ce docteur fait appeler Sylvie, en salle d'attente, et dit : « Monsieur François, vous n'avez pas de problème psychiatrique, vous n'avez rien à faire ici. »

Je garde très précisément en tête la manière dont il a formulé ses conclusions : « Le patient présente un signe d'anxiété et de dépression dû à son état de santé, et non pas l'inverse. » Ces mots ont beaucoup compté pour moi.

Dans le compte-rendu qu'il rédige, le médecin confirme : « Examen psychiatrique normal actuellement, sans aucun élément dépressif, psychotique ou anxieux (en dehors de quelques inquiétudes pour l'avenir, mais qui semblent rationnelles). » Plus loin, il poursuit : « Personnalité équilibrée, avec confiance en soi, goût pour l'action, et très bonne socialisation. »

Je ne suis donc pas fou. C'est la deuxième fois qu'un psychiatre l'écrit noir sur blanc.

Cela n'est en revanche pas évident pour tous les praticiens. Le vendredi précédant cette inquisition dans ma psyché, j'avais tout à coup été bouté hors du service de neurologie. Au moment où j'ouvrais les yeux après un malaise, l'infirmier m'avait annoncé que ma permission pour le week-end se transformait en sortie définitive.

Pourquoi aucun médecin n'avait pris la peine de me prévenir ? Mystère. Les docteurs étaient en réunion, impossible de discuter avec qui que ce soit ce jour-là. Quand j'étais arrivé, deux mois auparavant, j'avais été reçu comme un prince et on m'avait donné de l'espoir. Voilà que j'étais mis à la porte sans explication.

Comme j'insistais, inquiet d'être ainsi relâché sans consigne, l'infirmier avait obtenu une ordonnance de sortie et un arrêt de travail. Je recevrais plus tard le compte-rendu médical avec la marche à suivre pour les semaines à venir.

Que faire en cas de nouveau malaise ? Improviser... Je commençais à en avoir l'habitude. Et Sylvie aussi. Ce vendredi-là, dans la soirée, elle avait d'ailleurs fini par coincer par téléphone le chef de clinique. Elle lui avait fait part de son mécontentement et de sa détresse.

Très évasif, le spécialiste avait répondu que mes crises pouvaient être gérées à la maison. Il n'attendait rien de concluant des résultats des analyses toxicologiques, en revanche, il espérait être éclairé par mon bilan psy.

Dès ma sortie précipitée de l'hôpital, Sylvie se retrouve au front. Le soir de l'évaluation en psychiatrie, nous allons dormir chez mon frère Patrick dans les Yvelines, en lointaine banlieue parisienne. Mais ce séjour, un sas avant de retrouver la maison, vire au tragique.

Le lendemain matin, je m'effondre sous les yeux de ma belle-sœur Béatrice. L'interne de la Pitié, contactée par téléphone, conseille à mon épouse de surveiller mon rythme cardiaque. Je reviens à moi six heures plus tard, épuisé comme jamais. À quoi ont servi mes soixante-trois jours d'hospitalisation ? À peine dehors, me voilà de retour à la case départ.

Je veux rentrer. Quitte à mourir, autant que cela se passe chez moi. Je suis persuadé que la menace est réelle. Sinon pourquoi aurais-je entendu plusieurs fois en me réveillant après une crise : « Votre cœur ne tiendra pas longtemps comme ça » ?

Quelques heures plus tard, nous rentrons à la ferme. Après avoir serré Laura et Amandine dans mes bras, je téléphone à mon père. Peut-il passer me chercher ? Je n'ai pas le droit de conduire.

À petits pas d'octogénaires, nous faisons le tour des champs. Quelle impression délicieuse de revivre après un automne et un hiver aux mains des blouses blanches ! Je profite des filles, je remets le nez dans la vie de l'exploitation. Et si les médecins avaient raison ? Un peu de divertissement me remettra d'aplomb ! Le samedi soir, je dis à Sylvie : « Regarde, ça va ! »

Plus dure sera la chute. Le lendemain – lundi de Pâques – je sombre devant ma belle-mère et les filles.

Me voyant chercher mes mots, Sylvie devine qu'il s'agit d'un gros malaise. Elle veut prévenir les secours. Je résiste : « Si ça doit se finir, je préfère que ça se passe ici, dans mon lit ! »

Appelé en urgence, le généraliste juge mon état assez préoccupant pour m'envoyer illico à Angoulême. À ce moment-là – je l'ai appris plus tard –, Laura est en pleurs, mais Amandine encourage sa sœur : « Si papa allait bien, il dirait que ce n'est pas en pleurant que les choses vont s'arranger. De toute façon, il va revenir. » Heureusement, elles n'entendent pas l'ambulancier murmurer à Sylvie : « Je ne suis pas sûr qu'il tienne jusqu'à Angoulême. »

Il faut croire que je suis solide : huit heures plus tard, j'émerge de la brume au milieu du service de neurologie que je connais trop bien. Cette fois, je me réveille en colère. J'en veux à tout le monde.

Le 5 avril, je suis transféré en observation à Ruffec. Nouveau malaise trois jours plus tard. Complètement désemparée, Sylvie tente le tout pour le tout. Elle appelle à la rescousse une homéopathe que ma sœur Marie nous a conseillée. Après deux heures d'entretien, celle-ci propose de réfléchir à des solutions pour me guérir.

La séquence qui suit aurait pu m'achever. Peu après mon dernier malaise à Angoulême, le centre antipoison d'Angers avait été chargé de procéder à des analyses de sang et d'urine afin d'y rechercher la présence de toxiques.

Les résultats confirment l'hypothèse émise par Francis Rocchiccioli et André Picot : le solvant du Lasso reste présent à haute dose dans mon corps. Mais l'interprétation faite de ce phénomène étrange est loin d'être en ma faveur. « Nous avons reçu le dosage de chlorophénol qui est très positif et ceci de façon très curieuse, un an après une inhalation simple. Ainsi de forts doutes sont levés », écrit le neurologue d'Angoulême dans son compte-rendu d'hospitalisation.

Le médecin suggère que j'inhale volontairement le désherbant comme une drogue et que c'est pour cette raison qu'il subsiste dans mon corps un an après l'accident ! Pour lui, je n'ai plus rien à faire à l'hôpital. « On devrait mettre fin à cet hospitalisme », suggère-t-il dans sa lettre, comme si j'étais un manipulateur en train de creuser, par mon inconséquence, le trou de la MSA.

Je ne lirai ces courriers que quelques jours plus tard. Pour l'instant, Sylvie garde tout cela pour elle. Sans me le dire, elle appelle le responsable du centre antipoison. Pour ce dernier, les résultats ne s'expliquent que par une inhalation volontaire du produit. C'est lui qui a soufflé cette idée à son collègue d'Angoulême. « Vous savez, dit-il à Sylvie, nous, les toxicologues, sommes habitués à ce genre de situation. Votre mari vous fait croire qu'il a été empoisonné, mais, en réalité, il se drogue. »

Ma femme refuse d'autant plus d'y croire qu'il suffit d'ouvrir un bidon de Lasso pour être pris à la gorge par son odeur infernale. Même en admettant que j'aie perdu la tête, comment aurais-je pu l'utiliser durant mon hospitalisation à Paris sans qu'elle le sente ? Impossible de dissimuler un truc aussi infect.

« Comment osez-vous affirmer une chose pareille, docteur ? Vous n'avez pas le dossier médical de mon mari, vous ne l'avez jamais rencontré », proteste mon épouse. Le spécialiste ne veut pas en démordre : « Aucune autre explication n'est envisageable. » Convaincue que c'est totalement farfelu, Sylvie est tout de même ébranlée.

Le lundi 11 avril, le généraliste passe me rendre visite. Sylvie en profite pour vider son sac : « J'ai eu le toxicologue d'Angers. La seule explication pour qu'il y ait ce produit dans tes urines, c'est que tu te sois shooté avec. »

Ainsi donc, à la Pitié, j'aurais caché un bidon de pesticide dans mon armoire ? Ou alors ma femme me l'aurait injecté chaque week-end dans une perfusion ? Avec ma complicité ou de son propre chef, la nuit en cachette, pour me tuer ? Moi, junkie au dernier degré, Sylvie transformée en Marie Besnard, qui, dans la Vienne, empoisonna son mari à l'arsenic…

L'imagination de certains spécialistes est sans limites, même s'il faut, au passage, transformer la victime en coupable. Ce toxicologue ne m'a jamais examiné, mais cela ne l'empêche pas de m'accuser d'être le responsable de ma maladie… Je suis à bout de nerfs et triste que mon entourage m'ait caché les soupçons qui pesaient sur moi.

Heureusement, la vie offre aussi de très belles surprises. L'homéopathe, après un énorme travail de recherche, pense qu'un traitement à base d'algues nommées *Chlorella* pourrait avoir un effet positif. Les esprits bienveillants se rencontrent : depuis qu'il a appris ma rechute, André Picot planche lui aussi sur une solution alternative : « Il faut le soigner, dit-il à mon frère Patrick. Tant pis si on n'a pas encore compris le mécanisme. Il faut qu'on anticipe ! C'est trop grave. Si le produit est resté dans le corps, une seule chose peut l'arrêter. Il faut qu'on lui donne un agent chélateur. »

Le scientifique précise que ces produits naturels ont la propriété de fixer les substances chimiques et d'empêcher leur action nocive jusqu'à ce que l'organisme les élimine naturellement. Ils sont utilisés pour traiter les intoxications aux métaux (plomb, mercure, cuivre, fer ou chrome). Des protocoles de ce genre ont permis de soigner le président ukrainien Viktor Iouchtchenko, empoisonné à la dioxine en septembre 2004, en pleine campagne pour sa réélection.

André Picot, comme d'autres savants, avait suggéré cette piste aux médecins allemands d'Iouchtchenko. « Il existe sûrement un antidote. Il ne reste plus qu'à le trouver. Lorsque les produits chimiques nocifs piégés dans le corps de Paul dégazeront, la poudre aura l'effet d'un aimant. Au lieu de partir dans ses urines et de déclencher dans son corps un choc tel qu'il provoque quasiment un coma, le produit viendra se coller dans la poudre, qui sera évacuée dans les selles… sans crise ! »

Quelques jours plus tard, André Picot rappelle : « Je sais ce qu'il faut lui donner ! Vu l'expérience que j'ai, cela va certainement fonctionner. Si ça a marché pour Iouchtchenko empoisonné à la dioxine, il n'y a pas de raison que cela ne fixe pas le monochlorobenzène. » Le toxicologue veut m'administrer la même algue que le médecin homéopathe. L'action bénéfique de cet antidote aux produits chlorés a même été démontrée par des scientifiques japonais.

D'abord sceptique, Francis Rocchiccioli donne son feu vert. Mais il préconise d'adjoindre un deuxième traitement à base d'oméga 3 qui pourrait renforcer l'efficacité du premier. Sylvie passe les commandes sur Internet et, quelques jours plus tard, les produits arrivent d'Angleterre. Le protocole, qui démarre le 15 avril, doit durer trois semaines.

Convaincu par André Picot de la nécessité de faire cet essai, le chef de la médecine interne de Ruffec accepte de superviser le traitement. Il a été décidé que je commencerai à prendre les gélules à l'hôpital et que je sortirai rapidement si tout se passe bien.

Les premiers jours, je ressens une fatigue importante et, par moments, des douleurs violentes dans tout le corps. Ces manifestations inquiètent si peu les médecins qu'ils me laissent rentrer à la maison. Elles risquent de durer un bon moment.

Pendant trois semaines, je suis bien secoué, mais, à partir de la quatrième, je me sens mieux. C'est presque miraculeux. Même si les violents maux de tête persistent, je retrouve la mémoire, je cesse de bégayer et surtout je n'ai plus de pertes de connaissance.

Début mai, je poursuis mon tour de France des hôpitaux. André Picot, qui se tient régulièrement informé de l'état de ma santé, souhaite que mes analyses de sang et d'urine, tellement étonnantes aux yeux des spécialistes du centre antipoison d'Angers qu'ils ne nous ont pas encore envoyé leurs résultats définitifs, soient refaites par une équipe de médecine légale du CHU de Limoges, en qui il a toute confiance.

Ces spécialistes en profiteront pour me prélever quelques cheveux et les étudieront. Même si mon intoxication remonte à plus d'un an, il n'est pas improbable que le produit, accumulé dans les graisses, se retrouve aussi dans ma tignasse. Si tel est le cas, j'aurais en main une preuve solide pour étayer mon dossier.

Ce jour-là, en Haute-Vienne, le toxicologue qui me reçoit durant deux heures me prévient : il n'est pas certain de réussir à m'aider. Mais, dans le cadre de ses activités de recherche, il veut bien essayer. Sylvie lui fait part des soupçons de son compère d'Angers. À la fin du rendez-vous, il lâche qu'il pense que je ne suis ni dérangé ni drogué.

Ce qui n'est pas le cas de tout le monde. Le 31 mai, je retourne à la Pitié. J'annonce au chef de clinique que je n'ai plus ni malaises ni vertiges et très peu de douleurs. Lui me confirme que, au vu des multiples IRM et autres électroencéphalogrammes, la piste de l'épilepsie est abandonnée. Paradoxalement, il insiste pour que je continue à prendre un médicament destiné à stabiliser cette maladie.

Alors que Sylvie et moi, désireux de savoir s'il commence à comprendre la cause de mes problèmes, le pilonnons de questions, le neurologue reste très évasif. Puisque je vais mieux, dit-il, il ne faut pas se mettre martel en tête. Le plus important est de reprendre une vie normale. Suis-je en train de rêver ? Où veut-il en venir ? Ne serait-il pas en train d'insinuer que j'ai inhalé volontairement du désherbant ? C'est en trop. Je me lève d'un bond, prêt à partir.

À la lecture du compte-rendu médical, quelques jours plus tard, mes doutes se confirment. Au moment où il m'a reçu pour la dernière fois, le médecin de la Pitié avait en tête les résultats préliminaires des analyses effectuées à Nantes. Confirmant celles d'Angers, elles montrent clairement une élévation du taux de chlorophénol (dérivé du monochlorobenzène) dans les urines au moment d'une de mes crises, celle du 5 mars. Le taux est bien moindre dans le prélèvement réalisé après le malaise. Alors que cette variation aurait pu pointer la responsabilité du produit, elle semble la balayer : « Ces taux sont très élevés, mais incompatibles avec une exposition accidentelle datant de plusieurs mois », écrit le neurologue.

En conclusion, sans toutefois l'assumer pleinement, il suggère que je suis responsable de mon propre mal. « L'existence d'un taux élevé de chlorophénol peut faire évoquer que les manifestations d'allure psychiatrique soient d'origine toxique. Ce dérivé toxique ne peut, d'après l'avis des toxicologues, être lié à une intoxication datant de plusieurs mois. »

L'après-midi de ce même 31 mai, après des semaines d'attente, j'ai enfin rendez-vous au centre antipoison de l'hôpital Lariboisière. Au moment où la secrétaire m'indique qu'il risque d'être annulé à cause d'un contretemps, je m'agace : « Dites à votre patron qu'il vaut mieux qu'il me reçoive ! »

Le toxicologue parisien reste sur la défensive. Pour lui, le chlorophénol trouvé dans les analyses ne peut venir de mon intoxication. Lui non plus ne s'explique pas ce qui m'est arrivé, mais mon état est stabilisé, c'est le principal. Il ne voit pas l'intérêt de se poser autant de questions. Monsanto n'a pas vocation à empoisonner les agriculteurs, mais à les aider à maîtriser insectes ravageurs et herbes folles. Et comme la meilleure défense, c'est l'attaque…

À un moment, le scientifique lance en regardant Sylvie : « Vous savez, les pesticides, on en fait tout un plat, mais votre femme a des mèches blondes dans les cheveux. La couleur, c'est beaucoup plus dangereux que les pesticides ! » S'il refuse de croire que mes ennuis de santé ont pour origine l'intoxication aiguë de l'an dernier, le toxicologue me met en garde : « Il va de soi que vous ne pouvez plus approcher des pesticides. »

Comment peut-il à la fois réfuter la thèse d'un empoisonnement et me conseiller de prendre une telle précaution ? « Je vous l'interdis, c'est tout. »

Plus tard, une brèche s'ouvre et je monte à l'assaut.

« Monsieur François, je ne comprends pas pourquoi vous n'êtes pas venu me voir plus tôt, me dit le toxicologue.

– J'ai essayé plusieurs fois, mais ce n'est pas si simple. Je me demande bien pourquoi. À propos, connaissez-vous le docteur Goldstein ?

– Non.

– Vous êtes sûr ?

– Oui. Pourquoi ?

– Parce qu'il travaille pour Monsanto.

– Que voulez-vous dire par là ?

– Nous avons vu sur Internet que vous étiez ensemble au même colloque à Saint Louis où se trouve le siège social de Monsanto.

– Non, non, c'est impossible. »

Au même moment, le laboratoire nantais envoie d'autres résultats. La manipulation a dû être refaite deux fois, car les techniciens chargés des dosages ont paniqué. Il y avait une telle concentration de chlorobenzène dans mes urines au moment de la crise comateuse qu'ils ont cru à une erreur de manipulation.

« L'analyse conduisit à des résultats élevés incompatibles avec le délai écoulé depuis l'exposition. [...] L'hypothèse d'une interférence analytique a été envisagée », écrit la biologiste. Au second essai, il a fallu se rendre à l'évidence. « La présence de chlorophénol a été confirmée », poursuit-elle. D'autant que deux autres examens (chromatographie gazeuse et spectrométrie de masse) donnaient des résultats similaires.

Lors de ce séjour parisien, j'en profite pour saluer Francis Rocchiccioli et André Picot. Avec Sylvie, nous arrivons dans le restaurant du IXe arrondissement où nous devons les retrouver, les bras chargés de victuailles. Pineau, cognac et foie gras... Ces présents ne sont que de petits gestes sans mesure avec leur générosité.

J'accepte volontiers l'aide qu'ils m'apportent, conscient de contracter une dette à vie, de vie même, auprès de ces deux scientifiques militants. Ce soir-là, autour d'un bon repas auquel participent également mon frère Patrick et mon copain Laurent, j'apprends à mieux les connaître.

André s'est beaucoup intéressé aux pesticides organochlorés à cause du Lindane, un insecticide aujourd'hui interdit en France dont il avait combattu l'utilisation comme adjuvant dans les lotions capillaires pour bébés. Quand il a lu mon dossier, il a rapidement émis l'hypothèse que la substance active, l'alachlore, n'était pas en cause. En revanche, il s'est interrogé sur la nocivité du chlorobenzène, un solvant très efficace et pas cher, mais dangereux.

Dans sa longue carrière, il avait en effet eu l'occasion de croiser, dans une grande entreprise, des chimistes intoxiqués par ce produit. Cette substance est nocive pour deux raisons principales. Soluble dans les graisses, elle passe aisément à travers la peau. Et comme elle est très volatile, elle peut facilement pénétrer dans les poumons.

Pour André, la cuve de mon épandeur, restée au soleil toute la matinée, s'est transformée en réacteur chimique. À cause de la chaleur et de la pression, le solvant du mélange est passé à l'état de vapeur. L'alachlore, lui, n'a probablement pas bougé. Lorsque j'ai ouvert le couvercle, j'ai donc respiré un produit contenant essentiellement du chlorobenzène.

Crises semblables à de l'épilepsie, irritation, perte de mémoire, dépression… Les symptômes que j'ai développés pendant un an lui semblent d'autant plus compatibles avec cette interprétation que les solvants chlorés sont capables d'atteindre le système nerveux central.

Le scepticisme du médecin de la Pitié, qui ne croit pas que le produit puisse subsister dans mon organisme et se demande si je ne me drogue pas, ne surprend pas André Picot. Le neurologue a, selon lui, bien fait son boulot, mais ne dispose pas d'éléments suffisants pour bâtir une explication rationnelle.

Croyant me soulager, ce praticien a peut-être aggravé mes troubles : un médicament comme le valium a pu favoriser l'accumulation du solvant dans les graisses. Comme si le remède, au lieu d'éradiquer le mal, l'avait nourri.

Bref, comme le répète André Picot, même si mon cas est inédit et encore loin d'être complètement élucidé, le lien entre l'accident et les symptômes est tout à fait plausible.

Un détail étonne les deux scientifiques qui ont épluché les analyses du laboratoire nantais : du chlorométhylester de l'acide acétique a été mis en évidence.

Mon ami Laurent a rappelé le docteur Goldstein de Monsanto pour l'interroger sur ce point. Dans un premier temps, ce dernier a nié. Un tel produit ne peut se trouver dans le désherbant. Ensuite, le médecin a prétendu que le composé suspect résultait de la dégradation de l'alachlore, substance active du Lasso.

Laurent et moi pourrions facilement nous laisser berner par cet argument, mais André Picot hausse les épaules : il est peu probable que l'alachlore produise, en se dégradant, du méthylester pour des raisons chimiques évidentes. En outre, si une dégradation avait bien eu lieu, le taux devrait varier en fonction du temps.

Francis Rocchiccioli ajoute que, si la thèse de l'industriel est exacte, elle sous-entend qu'une négligence a eu lieu de sa part : si tel était le cas, le fabricant devrait préciser sur ses fiches de sécurité que, au bout de quelques années, l'alachlore peut produire du chlorométhylester de l'acide acétique. Si on le mélange à du monochlorobenzène, ce produit présente un danger neurologique évident.

Vers la fin de la soirée, j'annonce à notre petite assemblée que j'envisage de me retourner contre la MSA pour faire reconnaître la responsabilité du Lasso dans ma maladie. Nos deux convives prennent le temps de me raconter quelques-uns de leurs combats du passé. Ils m'encouragent à demander justice tout en m'avertissant : « Attention, Paul, vous touchez à Monsanto. Certains de nos confrères ont eu des soucis en voulant s'attaquer à des firmes aussi puissantes que celle-ci. »

En les écoutant ce soir-là, j'ai l'impression d'être le spectateur d'un film catastrophe. Sans imaginer que je vais bientôt en devenir le héros malgré lui.

Certains de leurs collègues ont vu leurs crédits de recherche supprimés, leurs avocats se volatiliser et leurs couples voler en éclats dans cette lutte perdue d'avance. Pour un chercheur, il n'y a vraiment rien à gagner à partir en guerre contre un mastodonte de l'industrie. Au contraire. Ce climat pesant, où les mesures d'intimidation et les menaces voilées sont légion, explique que je n'aie pas trouvé grand monde sur ma route pour me venir en aide.

Mon frère Patrick me prend à part : « Paul, tu as bien compris le message ? » Pour moi, c'est désormais limpide : si je décidais de croiser le fer contre Monsanto, je devrais me faire à l'idée que tout peut arriver.

8

Un lent poison

Qu'il est bon de retrouver la clef des champs ! En ce mois de juillet 2005, tout en diminuant mon traitement à base d'algues, je replonge dans mes activités à la ferme. Je donne un coup de main à mon associé et à mon salarié Christophe, qui ont fait tourner l'exploitation en mon absence. Ce printemps, ils ont accompli toutes les opérations d'épandage, soit plus de deux cents heures au volant du tracteur.

Au mois d'août, j'entrevois le bout du tunnel : je retrouve la vigueur d'un homme de 40 ans et, bientôt, je renonce à prendre mon antiépileptique.

Les résultats des analyses effectuées en juin confirment ce mieux. Seules des bribes du solvant subsistent dans mes urines. En revanche, comme me l'explique le spécialiste de Limoges, mes cheveux portent des traces de désherbant ainsi que de solvant.

Un toxicologue a d'abord décontaminé les mèches en les faisant tremper dans de l'eau purifiée. Ensuite, il les a analysées par chromatographie en phase liquide et spectrométrie de masse. Ce protocole très minutieux a permis de retracer l'histoire de ma maladie et aussi de ma guérison : le désherbant, présent en quantité importante sur les pointes, a quasiment disparu au niveau du cuir chevelu.

Les deux produits, comme liés entre eux, étaient donc présents dans mon organisme au moment où les prélèvements ont été faits. Pour ce professeur, un stockage dans les corps gras est probable.

À mesure que je reprends des forces, je passe en revue la tonne de paperasse accumulée sur mon bureau. En temps normal, la pièce, située dans une dépendance à l'écart de la maison, près de l'entrée de la ferme, est à peu près rangée ; presque monacale avec un ordinateur et, au mur, un plan de mes terres.

À la lecture de toutes ces lettres, je réalise qu'une nouvelle bagarre, avec l'administration cette fois, m'attend. L'année précédente, j'ai déclaré mon intoxication comme un accident du travail et la MSA a pris en charge mon arrêt-maladie. Mais, aujourd'hui, la caisse refuse d'indemniser ma rechute.

Début octobre, un courrier m'informe que celle-ci ne sera pas non plus couverte par l'assurance-accident des exploitants agricoles (Aaexa). Ce contrat obligatoire garantit les agriculteurs contre les risques d'accident et de maladie. « Les lésions décrites sur le certificat médical ne sont pas en rapport avec votre accident, mais relèvent de la maladie. » Quel ton péremptoire !

Cela me révolte d'autant plus que mon handicap est reconnu par la faculté. Si peu disert lorsque je l'ai rencontré à Paris, le toxicologue de Lariboisière a signalé au médecin du travail que je ne devais plus manipuler moi-même les pesticides. Plus exactement, il prétend que j'ai indiqué en consultation vouloir éviter de réaliser ces traitements, car je craignais de nouveaux problèmes de santé.

Je n'ai pourtant jamais tenu ces propos, et son raisonnement est bancal. « Le monochlorobenzène peut expliquer l'accident initial et les troubles observés pendant les heures, voire les jours suivants. Il n'est pas directement à l'origine des troubles qui sont survenus au cours des semaines et des mois ultérieurs », soutient le chef du centre antipoison. Ce qui ne l'empêche pas d'admettre que l'accident a ruiné ma santé, « la répétition des malaises » étant une « somatisation de cette anxiété ».

Plus surprenant : persuadé que mes crises ne sont pas dues aux produits chimiques, il me déconseille néanmoins de continuer à m'en servir : « Du fait de l'accident de l'année passée, monsieur François a probablement développé une hypersensibilité aux nuisances chimiques. Cette hypersensibilité n'a pas un mécanisme toxique ou allergique, elle est plutôt de nature phobique, ce qui ne la rend pas moins invalidante. Une réexposition à ces préparations qu'il redoute reproduirait très probablement les malaises, même si l'exposition était très faible. »

Plus question de préparer les pesticides ni de les épandre. Plus question non plus de me balader dans les parcelles fraîchement traitées. Le toxicologue met cette inaptitude sur le compte de mes fragilités psychologiques et insiste pour que l'on m'aide « à reprendre une vie sociale normale », grâce, notamment, à une psychothérapie.

À la lecture de ces lignes, je me remémore sa gêne lorsque je lui ai demandé s'il avait des liens avec le docteur Goldstein de Monsanto. Je ne suis pas loin de penser qu'il pourrait me recommander la plus grande prudence non pour me protéger, mais pour ménager les intérêts de la firme américaine.

La réponse de la médecin du travail au toxicologue parisien me mettra un peu de baume au cœur. Elle pointe l'absence de « fil conducteur » pour sous-tendre cette démonstration. Et précise que « le bilan exclut l'origine psychiatrique des malaises » et que deux électroencéphalogrammes ont mis en évidence des « modifications majeures » au plus fort d'une crise. « Je suis sûre que monsieur François aurait préféré un diagnostic de dépression qu'il était prêt à prendre en charge », ajoute-t-elle.

Hélas, à l'époque, toutes les blouses blanches ne manifestent pas une semblable empathie. Chaque fois que j'en croise une nouvelle pour essayer de faire valoir mes droits, je me heurte à un même mur de silence et de mépris.

Premier choc à Angoulême. Le médecin conseil de la MSA me convoque pour faire le point. Après m'avoir écouté, cette femme sévère hausse les épaules : si mes problèmes de santé n'ont pas été classés en maladie professionnelle, c'est parce que je ne rentre pas « dans les cases ». Le solvant qui m'a rendu malade est inconnu du régime agricole !

La liste des pathologies professionnelles, dans mon secteur, ne comprend en effet pas les intoxications aiguës aux pesticides. Peu lui importe que le régime général prenne en compte ce genre d'intoxication. « Cela ne me concerne pas », balaie-t-elle. Ses arguments me laissent bouche bée : « Avec une exploitation comme la vôtre, vous n'avez pas vraiment besoin de travailler ! »

Un peu quand même si je veux pouvoir payer mon salarié à la fin du mois ! Pas le choix : il faut engager un bras de fer avec les organismes de Sécurité sociale. Ma complémentaire m'accordant une protection juridique, il ne me reste plus qu'à trouver un avocat. Le premier ne sera pas le bon : ce jeune et brillant spécialiste en droit des affaires recommandé par des amis se noie dans mon dossier. À chaque fois qu'il l'évoque avec un médecin de sa connaissance, on le dissuade de continuer. « Monsanto, c'est trop dangereux », lui dit-on.

Mon deuxième choc se produit à Bordeaux. En cette fin mars 2006, on me convoque au CHU de la ville pour y subir une expertise médicale. Cet examen supposément impartial est le préalable à toute contestation administrative. Mon ami généraliste et le médecin conseil de la caisse agricole prendront part à la discussion.

À notre arrivée avec Sylvie et Bernard, une secrétaire nous glisse, choquée, que la docteure de la MSA est en conciliabule avec l'expert depuis une demi-heure. Quelle étrange entrée en matière ! Pas de nature à me faire oublier que le praticien se trouve être un toxicologue du centre antipoison de Bordeaux.

Si ce n'est lui qui a jugé mon accident sans conséquence en avril 2004, omettant de réclamer des analyses de sang et d'urine, c'est sans doute un de ses collègues. Comment pourrait-il instruire mon affaire en toute indépendance ?

Mes doutes sont vite confirmés. Lors de cet entretien labyrinthique, mes prétendues fragilités psychiques reviennent régulièrement au centre de la conversation. On me reproche tout et son contraire : d'avoir continué à prendre les antiépileptiques alors qu'on m'avait donné l'ordre de ne pas les arrêter, de gober des somnifères alors que c'est l'accident et ses séquelles qui causent mes insomnies. Plus grave encore : le toxicologue sous-entend que j'inhale volontairement le Lasso.

Derrière ce langage, un tableau dont je commence à avoir l'habitude : celui d'un Dr Jekyll et Mr Hyde de la Charente. Producteur de céréales le jour, sniffeur de pesticide à la nuit tombée. Alors que j'essaie de me défendre, d'expliquer qu'un bidon de désherbant a peu de chance de passer inaperçu dans une chambre d'hôpital, le soi-disant expert rétorque s'en tenir, lui, simplement « aux faits ».

La conversation devient houleuse. « Rien ne vous empêche de cacher une petite fiole quelque part », lâche-t-il.

Il ne m'écoute pas davantage lorsque je lui explique que certains scientifiques imaginent que le produit a pu rester durant plusieurs mois dans mon organisme. « Ces gens affirment des choses avant même d'avoir fait des recherches et d'avoir pu le prouver. »

Même stoïcisme lorsque j'émets des réserves sur l'indépendance des centres antipoison et sur sa corporation : « Certains articles montrent que l'État veut se doter de laboratoires indépendants. Après enquête, mes proches ont pu apporter la preuve que certains toxicologues que nous avons rencontrés ont des liens avec des fabricants de produits. »

Rien ne peut donc ébranler ses certitudes ? Pour lui, nos soupçons ne tiennent pas. « C'est du règlement de comptes entre médecins, soupire-t-il. Les spécialistes des centres antipoison sont indépendants et, en aucun cas, il n'y a de pressions des firmes. Celles-ci sont là pour fabriquer des produits sains et non pour mettre en danger la planète, et encore moins les hommes. »

Deux heures ont passé. Le toxicologue refuse de répondre à mes questions et noie le poisson dans ses réponses. Il promet néanmoins de jeter un œil aux écrits d'André Picot. Je prends Sylvie et Bernard par le bras :

« On s'en va ! » Pourquoi perdre plus de temps alors que nous ne pourrons pas le faire changer d'avis ?

Quelle douloureuse première fois ! Je découvre effaré que l'expert n'est pas toujours l'allié de la victime, que le contradictoire a ses limites.

Il est vrai que, dans son compte-rendu, le praticien bordelais synthétise toutes les étranges analyses que j'ai portées à sa connaissance : taux anormalement élevé du produit de transformation du solvant (chlorophénol) dans mon sang et mes urines, présence de l'herbicide dans mes cheveux (alachlore). « Il n'est pas explicable que l'on puisse retrouver ces taux dans les urines neuf mois après », « les examens suivants sont encore plus surprenants », note-t-il.

Mais, finalement, son interprétation prend le contre-pied de la nôtre : « Les divers taux trouvés ne permettent pas d'expliquer les malaises par la seule intoxication du 27 avril 2004. Ils peuvent éventuellement être expliqués par le monochlorobenzène, mais ne pouvant correspondre qu'à des expositions très récentes à chaque ré-augmentation de taux (quelques heures au maximum). »

Un mois plus tard, une lettre m'annonce que ma rechute ne sera pas prise en charge. « Le médecin conseil maintient sa décision », indique le document. Ce n'est pas une surprise.

Même si j'accuse le coup, je me prépare à porter la bataille devant le tribunal des affaires de sécurité sociale (TASS) d'Angoulême. Cette juridiction au nom barbare, dont le fonctionnement m'échappe, est censée arbitrer les conflits entre les usagers et les caisses. Puisque le système se grippe, espérons qu'un tiers, indépendant, m'aidera à sortir de la nasse.

Je marche désormais sur mes deux jambes, suffisamment solide pour affronter la justice administrative. Mais, sous le costume ajusté, pas sûr que mon jeune avocat ait les épaules pour remporter une bagarre sans repos.

9

Tous pour un

« Normal que les médecins ne veuillent pas s'engager pour vous, c'est à cause de Monsanto. Je vous l'ai déjà expliqué, Paul, il faut vous y faire. »

Tandis que je lui confie mes déboires, André Picot fait la moue. Rien que de très logique. Il me faut tenir bon dans l'adversité. En revanche, il peut m'aider à sortir de ce mauvais pas.

Avant de faire cette rencontre qui a changé ma vie, je n'avais jamais entendu parler d'Henri Pézerat, le fondateur du seul laboratoire travaillant sur les propriétés toxicologiques des fibres minérales. J'ignorais que ce grand chercheur en chimie au CNRS avait été le lanceur d'alerte sur la toxicité de l'amiante, l'artisan de son interdiction en France en 1997 et de la reconnaissance de ses dégâts comme maladie professionnelle.

Un soir, André Picot téléphone à son vieux complice Henri Pézerat. Annie Thébaud-Mony, la compagne de ce dernier, qui a fait une carrière de sociologue à l'Inserm, se souvient parfaitement du récit qu'Henri, aujourd'hui disparu, lui a fait de leur première conversation à mon sujet.

Le coup de fil a duré un très long moment. Après avoir raccroché, Henri Pézerat résume à Annie, également spécialiste de santé au travail, la discussion : « Il s'agit d'un dossier d'agriculteur sur les pesticides, j'ai envie de m'en occuper. » Annie, aujourd'hui devenue une amie très chère, le pousse à m'épauler : « Puisqu'une procédure de reconnaissance est engagée, je pense que nous sommes les mieux placés, toi et moi. »

Le duo, qui, outre ses activités de recherche, a l'habitude d'aider bénévolement des collectifs de salariés, se plonge dans les tableaux de maladies professionnelles du régime agricole.

Henri Pézerat m'appelle assez vite. Il aime plonger dans le concret des choses, être au contact des victimes. Le courant passe bien. Il m'écoute attentivement avant de dresser un rapport synthétique de l'accident et de ses conséquences. À cette époque, Henri et André discutent des heures durant de mon cas, ils affinent leurs hypothèses au niveau chimique. Sans un tel travail scientifique, aucune procédure un tant soit peu délicate ne peut aboutir.

Quelques semaines plus tard, le chimiste me donne rendez-vous à Paris dans un café près de la place du Châtelet. « L'hypothèse d'André Picot, me dit-il d'emblée est plus qu'une hypothèse : c'est une explication. Il ne s'est pas trompé. » Avec le temps, je finirai par comprendre clairement la cascade de mécanismes délétères déclenchés par mon intoxication. Seulement, à ce moment-là, je n'en saisis pas encore toutes les nuances.

Même s'il essaie de se mettre à mon niveau, Henri Pézerat reste un grand scientifique, qui n'assène rien, mais argumente en donnant ses références : « Cela se passe de telle et telle façon… votre système enzymatique n'est pas forcément le même que celui de tout le monde parce que ceci et cela… Parce qu'il y a ce mélange d'alachlore avec le monochlorobenzène qui a fixé dans les corps adipeux. Le jour de l'accident, c'est sous forme de gaz que… Il y a un concours de circonstances. »

Je suis incapable, même aujourd'hui, de restituer fidèlement tout son argumentaire. Il ne m'en reste que des bribes et le souvenir du soulagement qui me gagnait en l'écoutant. Je sens ce jour-là qu'Henri Pézerat a une intelligence aussi vive que celle d'André Picot, que j'ai une chance inouïe de voir deux esprits aussi fins se pencher sur mes malheurs, bref que je suis entre de très bonnes mains.

À l'issue de cette remise à niveau en chimie et en biologie, je lui fais part de mes déboires :

« Les médecins ne veulent pas entendre parler de maladie professionnelle dans mon cas et on veut me faire passer pour fou ou drogué, ce qui revient au même.

– Ne vous inquiétez pas, Paul, je connais des centaines de dossiers qui ressemblent au vôtre. Dans l'amiante aussi, on a parlé de dépressions ou de troubles psychosomatiques. Les industriels font pression, les victimes sont rabaissées. Les mêmes mécanismes sont à l'œuvre.

– Mais comment s'en sortir ?

– Les choses pourraient s'arranger si vous aviez un bon avocat. Le vôtre a l'air de bonne volonté, mais il n'est pas forcément familier de ce genre de procédures. Si vous êtes d'accord, si vous êtes prêt à en changer, je veux bien vous présenter quelqu'un. »

Quelle efficacité : un quart d'heure plus tard, nous pénétrons dans un cabinet d'avocats qui s'est illustré dans des affaires de santé publique et de maladies professionnelles, à deux pas du café où nous avions rendez-vous. Quand Henri Pézerat a une idée en tête, rien ne peut l'arrêter !

Les locaux ressemblent à une ruche. Le toxico-chimiste est ici comme chez lui : les « Bonjour Henri » fusent de toutes parts. Puis apparaît maître Teissonnière, le patron, défenseur des victimes de l'amiante depuis 1995, mais aussi de celles de la légionellose, du saturnisme infantile, d'AZF, des essais nucléaires.

Le célèbre juriste et le chercheur collaborent depuis des années. Sans être amis, ils font montre d'une vraie complicité : « Comment ça va, Henri ! Bravo pour votre article dans *Le Monde* ! »

Le maître des lieux nous accompagne dans le bureau de l'un de ses associés. François Lafforgue, âgé à l'époque d'une petite quarantaine d'années, a une capacité d'écoute et de synthèse hors norme. Il prend un air concentré lorsque mon chaperon lui relate mes difficultés. L'exposé est sérieux, lesté de tout le travail scientifique accompli en amont avec la complicité d'André Picot.

Henri Pézerat lui lance un défi en conclusion : « Maître, vous avez connu l'amiante. Là, avec les pesticides, je pense qu'on est face à un problème de santé et de société d'une ampleur similaire, voire supérieure. L'amiante, en effet, ne concerne que les professionnels. Les pesticides menacent les agriculteurs, mais aussi les riverains. »

L'avocat ne fait pas semblant de maîtriser la problématique : « Je n'ai jamais eu à m'occuper de maladie professionnelle ou d'accident du travail en milieu agricole. Pour moi, c'est l'inconnu, mais je vais examiner le cas de Paul François avec beaucoup de soin. »

François Lafforgue est d'autant plus attentif que son interlocuteur ne crie pas au scandale tous les matins. L'expert militant sait repérer un dossier trop léger pour être porté devant le tribunal. L'avocat cherche aussi, en toute logique, à évaluer ma solidité. Il me confiera plus tard avoir été un peu désarçonné par l'impression que j'étais un agriculteur actif, construit et en bonne santé.

Bien sûr, j'allais beaucoup mieux depuis l'été précédent, mais il m'arrivait encore très souvent d'être pris de violentes migraines. Je devais alors passer de longues journées au lit. François Lafforgue s'est, depuis, familiarisé avec la spécificité des séquelles : certains jours avec, mais certains sans.

Je le sais tout de suite : mon nouvel avocat est compétent. Mieux, c'est la bonne personne. Alors que, quelques jours avant ma venue à Paris, j'étais à deux doigts de tout laisser tomber, me voilà regonflé de courage.

Lors de ce premier rendez-vous, maître Lafforgue s'exprime peu, mais toujours à propos. Mon dossier a pris du retard, il va falloir se battre en saisissant le tribunal et en demandant une nouvelle expertise médicale. Lorsque je lui résume mon expérience malheureuse à Bordeaux, il m'assure de sa présence lors des futurs rounds médicaux. Ses honoraires sont modérés, il se rétribuera lorsque nous remporterons la bataille.

En revanche, il me faut au plus vite congédier mon premier avocat. Alors que mon nouveau conseil propose de s'en charger à ma place, je préfère assumer moi-même cette mission désagréable. Elle sera moins pénible que je ne le craignais. Le jeune juriste la joue fair-play : « De toute manière, je ne peux pas avancer. Vous serez mieux dans un cabinet spécialisé qui bénéficie du conseil de scientifiques. »

Je mentirais en disant que je suis serein. Ce 15 décembre 2006, je me rends dans une clinique proche d'Angoulême, avec mon ami généraliste, pour y subir une nouvelle expertise médicale ordonnée par le TASS. Le médecin conseil de la MSA assiste à l'entretien. Cette fois, je n'ai aucune raison de contester l'impartialité de l'expert, mais est-il vraiment compétent ?

L'homme qui me passe à la question n'est ni toxicologue ni neurologue, mais chirurgien. En dépit de son ignorance des mécanismes toxicologiques, l'as du bistouri rédige des conclusions plus étayées que celles de son confrère bordelais. Premièrement, il estime qu'une « évolution par poussées brèves va à l'encontre des effets très retardés et continus d'une exposition unique initiale ». Deuxièmement, que mes symptômes tardifs ne peuvent avoir été liés à l'accident, car si tel était le cas, « ce mécanisme agirait de façon continue et non cyclique comme les troubles cliniques observés ». Enfin, il réfute l'hypothèse du relargage explicatif de mes troubles. « L'explication d'un stockage des toxiques dans les graisses est incompatible avec des concentrations urinaires de ces produits sur de brèves périodes. »

Cette démonstration en trois points n'a que l'apparence de la logique : le chirurgien n'apporte aucune preuve solide. Sa conclusion ressemble à un copié-collé de celle du toxicologue de Bordeaux : « Les manifestations cliniques de monsieur Paul François [peuvent] avoir une origine toxique (par alachlore et monochlorobenzène) [...], mais ne peuvent être expliquées que par des expositions réitérées aiguës et sont sans rapport avec l'exposition accidentelle. »

Ces mots, déjà lus dans plusieurs comptes-rendus médicaux, assombrissent mon moral durant plusieurs jours. Heureusement, André Picot et Henri Pézerat sont là pour m'assurer que le chemin des victimes de l'industrie n'est jamais un long fleuve tranquille.

Histoire de me consoler en attendant l'audience au tribunal, je me plonge dans le rapport qu'Henri a rédigé pour moi, la preuve que je ne suis ni fou ni toxicomane. Peu importe que le roi du scalpel ait refusé d'en tenir compte.

Ce document, achevé en septembre 2006, décrit précisément mon cas, « unique dans la littérature médicale internationale ». Il rappelle les efforts qu'il m'a fallu accomplir pour découvrir précisément ce que j'avais inhalé.

Le Lasso contient 43 % de désherbant à proprement parler (alachlore) et 50 % de solvant (monochlorobenzène), mais aussi 0,2 % de chlorométhylester de l'acide acétique, un produit toxique, qui bloque la respiration cellulaire et n'est pas censé être commercialisé. Si l'herbicide peut perturber certains systèmes relatifs aux enzymes (protéines catalysant les mécanismes biochimiques), c'est le solvant qui est le plus dangereux. De nombreuses contaminations ont été recensées dans l'industrie et le produit est inscrit au tableau des maladies professionnelles du régime général, car susceptible de causer des « accidents nerveux aigus ».

« La non-inscription dans un tableau du régime agricole est liée au retard des tableaux par rapport à l'évolution des métiers », pointe le chercheur.

Ce dernier a étudié la situation aux États-Unis. Là-bas, les effets potentiels de la substance sont connus et redoutés : une forte exposition peut causer « une atteinte du système nerveux central ».

La liste des symptômes est longue comme le bras : somnolence, faiblesse musculaire, manque de coordination dans les mouvements, paralysie partielle, difficultés respiratoires, pertes de connaissance... Difficile de ne pas reconnaître le zombie que j'étais dans ce triste inventaire.

Pour Henri Pézerat, les crises que j'ai traversées correspondent à des épisodes d'élimination du solvant immédiatement suivies de celle du désherbant. Leur étalement sur un an ne lui semble pas surprenant, à la lumière de la littérature médicale : le monochlorobenzène a tendance à inhiber l'activité d'enzymes nécessaires à l'élimination du désherbant.

Le chimiste imagine un effet de synergie entre les deux produits qui aurait conduit à « l'affaiblissement des systèmes de détoxification ». En conclusion, Henri Pézerat s'inquiète « d'effets toxiques à long terme », car une activité « mutagène et cancérogène » a été démontrée chez le rat.

À force de travail, je me familiarise avec la biochimie pour les nuls. Et je commence à comprendre le scénario patiemment élaboré par Henri Pézerat et André Picot.

Grâce à un troisième cerveau, tout finit par s'éclairer. Lorsque je fais à mon avocat le récit de la parodie d'expertise en banlieue d'Angoulême, il réclame au tribunal la désignation d'un spécialiste compétent. Cette fois, nous sommes gâtés : Jean-François Narbonne, alors professeur de toxicologie à l'université de Bordeaux et directeur de recherches au CNRS, expert auprès de l'agence sanitaire Anses, consacre un mémoire détaillé à mon accident et à ses séquelles. Je ne suis pas le seul à penser que cette pièce a été la baguette magique qui a changé mon destin.

Le professeur Narbonne émet la même thèse que mes deux anges gardiens : il attribue mes malaises à l'alachlore et au chlorobenzène qui « peuvent être principalement impliqués dans les processus toxiques ». Beaucoup plus dangereux que l'herbicide et responsable d'atteintes neurologiques, le solvant constitue pour lui aussi le suspect principal.

Mais le toxicologue sort de l'ombre des protagonistes secondaires : « On ne peut exclure des interactions ou des effets modulateurs dus aux autres substances présentes, y compris les plus minoritaires. » Comme André Picot, il cible un composé instable au nom barbare, le chlorométhylester de l'acide acétique. En cas d'inhalation, cet ester volatil se transforme immédiatement en acide chloroacétique. Cette substance hautement toxique entraîne des effets à court terme (nausées, atteintes respiratoires et nerveuses) et d'autres à long terme (anxiété, convulsions) qui ne sont pas sans rappeler mes symptômes.

Comment expliquer les rechutes tardives alors que les composés sont censés s'éliminer au bout de quelques jours ? La tâche est d'autant plus ardue que l'absence d'analyse au lendemain de mon accident empêche de déterminer précisément les doses auxquelles j'ai été exposé et les réponses qu'elles ont entraînées dans l'organisme.

Mais, avant d'avancer ses hypothèses, Jean-François Narbonne envoie un uppercut aux collègues qui le condamnent à travailler à l'aveugle : « Il faut insister sur [le] comportement aberrant des centres antipoison français qui, contre toute logique scientifique, ont à plusieurs reprises déconseillé de réaliser des mesures, malgré les demandes réitérées de la famille. » Pour lui, « cette faute grave », « ces absences ahurissantes » sont incompréhensibles et « laissent la porte ouverte à toutes les hypothèses allant de l'incompétence grave à une volonté délibérée de ne pas fournir de preuves pouvant impliquer un produit commercialisé et éventuellement la firme productrice ».

Ce franc-parler change des expertises et autres comptes-rendus médicaux à l'eau tiède que je m'inflige depuis des mois. Le premier scandale dont je suis victime, c'est-à-dire la surdité face à mon calvaire, est enfin dénoncé. Le professeur Narbonne enfonce le clou : « Ceci est d'autant plus surprenant que ce refus de savoir est le fait de plusieurs services localisés dans des centres de soin différents. Les éclaircissements sur ce sujet ne pourraient venir que d'une enquête judiciaire. »

Quels mots doux à mes yeux ! Moi le junkie accro aux pesticides, j'aurais en réalité été victime d'un déni de médecine ? Aussi didactique qu'engagé, le rapport du professeur bordelais se lit, dans certaines parties, comme un précis de chimie de quatrième. Autrement dit, moi l'ex-cancre, je pige l'essentiel.

Après avoir pénétré dans le corps par voie respiratoire, le chlorobenzène, dont j'apprends au passage qu'il appartient à la famille des hydrocarbures aromatiques, se répartit dans tout l'organisme *via* le sang. Il va se stocker dans les tissus riches en lipides, c'est-à-dire en graisses, d'où il va être progressivement relargué. Deux indices biologiques (les fameux métabolites ou produits de transformation du solvant) permettent de le doser dans le sang.

Néanmoins, comme ces analyses n'ont pas été faites après l'accident et au début de la rechute, seules peuvent être formulées des hypothèses, à la lumière des résultats des prélèvements urinaires et sanguins réalisés à partir de février 2005. Jean-François Narbonne fait le pari que le relargage du chlorobenzène ne s'est pas déroulé de manière normale quelques heures après l'intoxication. Celui-ci aurait eu lieu à partir de novembre 2004, au moment où mes malaises ont commencé. De la même manière, il estime que l'alachlore est resté piégé dans les graisses durant huit mois. « Ceci suggère une même phase de latence dans le relargage et la métabolisation de l'alachlore », avance-t-il.

Le chercheur attribue ce retard inhabituel à la dose inhalée, qui aurait saturé mon organisme. Il s'appuie sur des études portant sur le rat : chez le rongeur, une forte exposition conduit en effet à un stockage dans les lipides, alors qu'en cas d'exposition plus faible le produit est sécrété dans le sang. Ce retard pourrait avoir une deuxième cause : la nature du désherbant utilisé ralentirait le processus d'élimination du solvant en inhibant les systèmes enzymatiques. Et même une troisième : certains des nombreux médicaments qui m'ont été prescrits, pour rien, auraient eux aussi pu entraver le phénomène.

« On peut supposer un fort stockage dans les lipides avec une saturation et un blocage du métabolisme du foie », conclut l'expert avant d'asséner : « L'ensemble des données permet donc d'attribuer les graves effets cliniques se produisant plus de six mois après l'exposition aiguë d'avril 2004 aux suites de cette intoxication initiale. »

Le métabolisme de la justice connaît lui aussi quelques lenteurs, mais, à condition de s'armer de patience, il produit des miracles ! Le 1er septembre 2008, soit plus de quatre ans après mon intoxication, François Lafforgue défend mon dossier à Angoulême devant le tribunal des affaires de sécurité sociale de la Charente.

La décision tombe le 3 novembre : ma rechute est directement liée à mon accident du travail et doit être prise en charge « au titre de la législation professionnelle ». Victoire sur toute la ligne !

Au passage, le chirurgien et expert calamiteux en prend pour son grade : « Si le docteur X a conclu que ces symptômes ne peuvent être expliqués que par des expositions réitérées aiguës, relève le magistrat, aucun élément ne vient corroborer ces allégations. » La cour s'appuie sur le rapport « particulièrement documenté » de Jean-François Narbonne dont elle partage les conclusions : mon corps avait stocké des toxiques en grande quantité. Leur processus d'évacuation, retardé, a perturbé le fonctionnement de mon cerveau jusqu'à provoquer des comas.

Ce jugement change ma vie. Avant mon passage au tribunal, seule la *Charente libre* s'était intéressée à mon combat. Mais la décision de justice me donne une certaine aura médiatique.

Les flashs info à la radio reprennent en boucle la nouvelle : « Un agriculteur charentais a fait condamner Monsanto. » Les journalistes ne semblent pas bien comprendre que je viens seulement de gagner une manche contre la MSA et son assureur. Ils préfèrent parler du « combat victorieux de Paul François contre la multinationale ». Sans doute au nom d'un petit penchant pour David contre Goliath. Il y a pire comme déformation professionnelle.

Alors que, à la fin décembre, le quotidien *Libération* me consacre son fameux portrait de dernière page, je ne passe pas non plus inaperçu quand je fais des courses à Ruffec. On me reconnaît dans la rue, on me tape sur l'épaule pour me féliciter ou bien on chambre mon début de célébrité.

À chaque fois, je réponds : « Je ne suis pas passé à "Qui veut gagner des millions" ! » Je n'ai jamais rêvé de devenir le spécialiste des étiquettes de désherbant. Mais puisque le pire m'est arrivé, autant que mon malheur serve à quelque chose.

J'accepte volontiers les demandes d'interview et les invitations à débattre en public. Et si, en m'entendant, certains agriculteurs réalisaient que les pesticides mettent en danger leur santé et peut-être celle de leurs proches ?

De mon côté, je vais mieux sans avoir retrouvé ma vie d'avant. J'ai beau répéter que je suis coriace, mon système immunitaire est raplapla et d'intenses migraines me clouent au lit.

Un temps évoquées, les hypothèses d'une sclérose en plaques et d'une maladie de Parkinson sont heureusement évacuées pour le moment. Mais plus question de travailler dix heures par jour : je me fatigue vite.

Les prévisions de maître Lafforgue se confirment : l'assureur fait appel de la décision du TASS d'Angoulême. Un an plus tard, nous reprenons donc le chemin judiciaire pour nous rendre à la cour d'appel de Bordeaux.

J'obtiens définitivement gain de cause le 28 janvier 2010. Les magistrats de la chambre sociale confirment la décision de première instance. L'arrêt condamne mon assureur à prendre en charge ma rechute au titre de la législation sur les accidents du travail et les maladies professionnelles.

François Lafforgue laisse éclater sa joie : « C'est une première en France devant une cour d'appel. La juridiction a établi le lien de causalité entre les troubles et l'herbicide produit par Monsanto. » Mais mon avocat pense déjà aux batailles qui nous attendent : « La décision de

Bordeaux est une étape importante. Il reste cependant à caractériser la responsabilité de Monsanto dans la vente de ce produit. »

Toutes les informations nécessaires n'étaient pas inscrites sur le bidon de Lasso. Il faudra que la justice se prononce pour déterminer si le fabricant n'a pas omis de signaler toute la dangerosité de son désherbant.

Sur les marches de la cour d'appel, je célèbre moi aussi une « grande victoire » obtenue après quatre années de procédure. Financièrement, cela ne va quasiment rien m'apporter, mais je suis soulagé : il y a encore des principes dans ce pays. C'est important pour moi, mais aussi pour des confrères également intoxiqués par les pesticides.

Depuis que mes problèmes de santé ont commencé à être médiatisés, je reçois des dizaines d'appels de paysans atteints. Souvent, ce sont les épouses qui me contactent : leur mari est malade et elles ne savent pas vers qui se tourner.

Premières victimes des produits chimiques qu'ils utilisent, les agriculteurs rechignent la plupart du temps à s'en plaindre. Mon marathon n'aura pas été vain s'il contribue à briser cette omerta.

Ce jour-là, à Bordeaux, le souvenir d'Henri Pézerat, décédé le 16 février 2009, occupe mes pensées. Sans son soutien, je serais resté à ruminer mon malheur dans mes champs de maïs.

En décembre 2008, lorsque le journaliste de *Libération* qui préparait mon portrait l'avait interviewé, le chercheur lui avait confié s'être inquiété pour moi au moment de notre rencontre : « Il était tout seul, isolé. »

Grâce à sa main tendue, comme à celles d'André et de tous mes alliés si généreux de leur temps, je n'ai plus jamais été seul.

10

David contre Goliath

« C'est Monsanto, Paul, cela va être un combat difficile, très violent. » La scène s'était déroulée dans le bureau de mon avocat au début de l'année 2007. Nous avions rendez-vous pour avancer sur mon dossier de reconnaissance en maladie professionnelle.

« Quand on aura fini cette bataille, il faudra peut-être en engager une autre. » Maître Lafforgue me testait. Je devinais qu'il avait déjà envisagé la possibilité de lancer des poursuites contre le fabricant du Lasso.

Lorsque nous nous parlons au téléphone, Henri n'évoque jamais directement l'idée d'un procès, mais je sens qu'il y réfléchit. Comme le raconte Annie, il a très tôt compris qu'une telle bagarre pouvait être historique.

Avant ma victoire à Bordeaux, seules de rares atteintes par les pesticides avaient été reconnues comme maladies professionnelles chez des agriculteurs. L'expérience de l'amiante avait prouvé à Henri Pézerat que ce genre de démarche victorieuse visant à faire avancer les droits sociaux était nécessaire mais pas suffisante. « Ce qui a créé la brèche, dans le cas de l'amiante, c'est d'être allés en justice », dit-il. Pour lui, les pesticides allaient devenir une question de santé publique.

À l'époque, l'Union européenne et l'Organisation mondiale de la santé avaient fini par admettre les dangers des perturbateurs endocriniens, ces agents chimiques capables, même à très faible dose, de perturber le fonctionnement de notre système hormonal. Or l'alachlore, la substance active du Lasso, est justement l'une de ces molécules inquiétantes, comme d'autres herbicides mais aussi insecticides et fongicides.

Henri Pézerat est également convaincu que la problématique dépasse le seul groupe des agriculteurs exposés à ces produits et que des riverains vont bientôt tomber malades et demander des comptes. Seule une procédure contre Monsanto permettrait à ces gens intoxiqués malgré eux d'obtenir un jour une indemnisation. Aussi Henri me laisse-t-il souvent entendre qu'il va me falloir aller plus loin. « Peut-être qu'il va le faire », dit-il un jour à Annie.

De mon côté, j'avance sur cette voie. « Ensemble, défendons votre terre », clame une pub pour le Lasso dans les revues agricoles. Je regarde d'un drôle d'œil, sur cette même réclame, l'oiseau posé sur la poignée du bidon. Surtout depuis que j'ai découvert que ce produit, commercialisé depuis 1968 et présenté comme inoffensif, a été retiré du marché canadien dès 1985. Monsanto peut-il prétendre ignorer sa dangerosité ?

Je suis également agacé par le comportement de la multinationale dans mon dossier. Après avoir sollicité par téléphone quelques précisions concernant le désherbant au siège français, j'avais reçu une lettre recommandée de la firme me demandant de bien vouloir envoyer mon dossier médical et toutes les analyses biologiques qu'il contenait. Je m'étais bien gardé d'obtempérer, mais cette démarche m'était restée en travers de la gorge.

Que cherchaient-ils ? Le coupable constituerait-il un dossier sur sa victime dans le dos de celle-ci ?

François Lafforgue, dont le travail a une dimension militante et qui défend des particuliers, des associations ou des syndicats mais jamais d'entreprises, connaît par cœur les procédures de recherche en responsabilité.

Deux voies judiciaires distinctes s'offrent à nous : le pénal ou le civil. La première lui semble périlleuse. Onze ans après le dépôt des premières plaintes dans le dossier de l'amiante, l'instruction parisienne s'enlise. « Paul, vous avez la possibilité d'engager une action au pénal, mais il faut que vous soyez déterminé à aller jusqu'au bout, car les résultats sont hypothétiques », martèle mon avocat. La seconde voie – assigner Monsanto au civil – a sa préférence.

Son analyse est convaincante : la société a laissé sur le marché un produit dangereux sans informer les utilisateurs ni de sa dangerosité ni des précautions à prendre. Il faut donc rechercher en priorité la responsabilité du fabricant. Bien sûr, l'État, complaisant, est également responsable, mais Monsanto tient le premier rôle.

Pour démontrer la responsabilité de la firme, il faudra nous atteler à trois chantiers : prouver que l'accident a bien eu lieu, que j'en garde des séquelles (un préjudice en langage juridique), et démontrer le lien entre l'intoxication et mes problèmes de santé.

Cette affaire rappelle à François Lafforgue celle de l'amiante, où les industriels ont fait peser, font encore peser, le doute sur les épaules des victimes en répétant : « Il n'y a pas de mauvais produit, il y a de mauvais utilisateurs. »

La même logique, les mêmes mécanismes, lui semblent à l'œuvre. Il se sent capable d'affronter le lobby des pesticides comme il s'est colleté à celui de l'amiante.

Après ce rendez-vous, je prends le temps de la réflexion. À la maison, Sylvie a d'énormes réticences. « Je t'ai suivi sur la procédure de reconnaissance en maladie professionnelle, mais t'attaquer à Monsanto, tu te rends compte de ce que cela signifie ? » Au cours de plusieurs discussions, elle répète : « Je veux tourner la page », « Je veux reprendre une vie normale ».

Accaparé par mes épreuves physiques et morales, par mon combat contre la MSA, je n'ai sans doute pas mesuré à quel point mon épouse a souffert. Elle qui croyait si fort en la médecine a été outrée par l'inaction ou la mauvaise foi des docteurs, sans parler de la malhonnêteté de certains experts.

Son monde s'écroule. Elle découvre des travers qu'elle ne soupçonnait pas : la force des liens d'intérêt, le peu de considération pour l'humain. Tout cela heurte profondément ses valeurs et lui donne envie de se réfugier dans notre cocon familial.

D'un tempérament réservé, ma femme redoute également les effets de la possible médiatisation d'un tel combat et tous les désagréments que cela pourrait causer aux filles. En général, je l'écoute. Mais là, je passe outre ses réserves.

La décision vient des tripes plus que de la raison : on ne peut pas les laisser continuer. Ce serait trop facile de botter en touche. Je suis d'autant plus en colère que j'ai cru à l'agriculture intensive. J'ai cru à tout ce que nous serinaient ces firmes lors des banquets qu'elles organisaient à Ruffec. J'ai cru qu'elles étaient vraiment nos partenaires dans la modernité, qu'on bossait mieux grâce aux produits phytosanitaires et que ceux qui en doutaient préparaient un retour à l'âge de pierre.

Comment certains représentants de ces sociétés, que je considérais comme des collègues, qui faisaient partie de mon quotidien, ont-ils pu me trahir ainsi ? Ce système a failli me tuer... Ce sentiment de trahison ne m'ôte pas toutes mes illusions de gosse. Au contraire, il me pousse à agir. J'ai la naïveté de croire que, en France, les magistrats peuvent faire preuve d'indépendance.

Mieux vaut saisir le tribunal maintenant, quitte à arrêter en cours de route, plutôt que de laisser passer les délais et de nourrir des regrets durant toute ma vie. Je suis loin de partir la fleur au fusil : je sais que les choses traîneront sûrement en longueur jusqu'à m'épuiser, que mon confort risque d'en être à jamais perturbé.

Avec le temps, Sylvie comprend que l'action en justice peut donner un sens à mes malheurs. À un moment, elle me dit : « Fonce ! » Elle ne pense plus à elle mais à moi.

Le coup part le 24 avril 2007, quasiment trois ans jour pour jour après mon accident. Par une étrange coïncidence du destin, le Lasso est définitivement retiré du marché le 28 avril 2007.

François Lafforgue engage devant le tribunal de grande instance (TGI) de Lyon, ville voisine de la banlieue où est implanté le siège social de Monsanto France, une action contre la firme pour faire reconnaître sa responsabilité dans l'accident. L'idée est de démontrer que le fabricant ne m'a pas informé correctement à la fois de la dangerosité du produit et des mesures de protection nécessaires (étiquetage insuffisant). Cette action s'annonce difficile, s'agissant d'un grand groupe très puissant.

Grâce aux films ou aux séries policières, tout le monde connaît le fonctionnement de la justice pénale. Mais, pour qui n'y a pas été confronté, le civil reste mystérieux. Quand j'interroge François Lafforgue sur la différence entre les deux, il répond : « Au pénal, on pourrait faire condamner le directeur de Monsanto, c'est la grande différence. »

Je découvre les subtilités judiciaires au fur et à mesure, mais, très vite, le fait qu'aucun magistrat instructeur ne va m'aider à étayer mon dossier me frappe. Les juges lyonnais pourront seulement ordonner des expertises techniques afin d'éclairer tel ou tel point. Je suis donc contraint de mener l'enquête moi-même, aidé par mon avocat et par mes amis experts militants.

François me prévient : « Pour obtenir gain de cause, il nous faut des éléments factuels qui font que je pourrai plaider. » Aussi ne suis-je jamais surpris lorsqu'il m'appelle en disant : « Nous avons besoin de tel élément. » Il a fallu du travail, des recherches, pour rassembler, par nos propres moyens, les 144 pièces que nous porterons finalement à la connaissance de la justice.

Je pilote ces investigations avec la même ténacité que je mets à avancer mes chantiers à la ferme. Première difficulté – et première grande claque –, je dois prouver que mon intoxication a bien eu lieu. Les avocats de Monsanto me demandent également de démontrer que leur produit remplissait bien la cuve de mon pulvérisateur. Il faut récupérer les factures d'achat d'herbicide. Cette tâche ne me fait pas peur. Si les choses traînent, je bouscule les structures qui tardent à me fournir les documents demandés. Parfois, j'omets de préciser pourquoi je suis à la recherche de ces pièces. Il me faut aussi reconstituer le dossier médical, éparpillé dans chacun des hôpitaux où j'ai séjourné.

Les conseils de la firme épluchent tout : ils veulent savoir à quelle heure je suis arrivé aux urgences de Ruffec le 27 avril 2004, et comment j'y suis parvenu. Lorsqu'ils insinuent que Sylvie m'y a conduit en voiture pour cacher quelque chose, je finis par regretter qu'elle n'ait pas appelé les pompiers ce jour-là ou même un huissier de justice !

Je me crois sorti d'affaire lorsque je mets la main sur l'étiquette du bidon de Lasso. Si j'avais le cœur à m'amuser, je pourrais rire jaune en la lisant : « La très faible toxicité du Lasso n'entraîne pas de précautions particulières pour l'utilisateur dans les conditions normales d'emploi. »

Les avocats de Monsanto ripostent une nouvelle fois : « Rien ne prouve que madame François n'ait pas arraché cette étiquette sur un autre produit. » Ensuite, je contre-attaque en produisant une facture datée du mois de mai 2004. Incroyable mais vrai, mon adversaire pinaille en arguant que cette date ne correspond pas au mois de mon accident. Quelle entreprise ignore que les mois d'achat et de facturation ne coïncident pas forcément ?

Certaines questions tiennent tout simplement du mystère. La partie adverse veut savoir combien de jours j'avais passés à désherber avant l'accident. Je ne me rappelle plus ma réponse. Je me souviens seulement que, lors d'une interview, j'avais dû en donner une autre parce qu'ils me sont tombés sur le dos. « Monsieur François se contredit », ont-ils clamé.

Comment garder des choses aussi précises en mémoire trois ans après ? Aurait-il fallu deviner que le pire allait arriver et tout consigner dans un carnet validé par un huissier ? La plus grande vigilance s'impose parce que Monsanto fait feu de tout bois. Chaque date, chaque mot, chaque détail est scruté au scanner.

Il m'arrive d'avoir envie de baisser les bras et de cesser de reconstituer mon passé à la minute près. Mais je finis par obtempérer : dans une procédure en responsabilité, la charge de la preuve incombe au requérant.

Le temps passe. Le déni de Monsanto plane comme une ombre menaçante sur tout le dossier. Déni de l'accident, déni de la dangerosité du désherbant, déni de l'utilisation du produit lui-même.

Je me noie dans cette traque aux indices. J'ai l'impression que ma vie et celle de ma famille ont été prises en otage.

Au cabinet, François Lafforgue redouble pourtant d'efforts. Une fois bouclé, le dossier comportera vingt tomes, qui, rangés sur des étagères à droite de son bureau, s'étaleront sur une hauteur de trois mètres. Sa consœur Capucine Darcq lui prête main-forte. Elle qui, à 21 ans tout juste, découvre le métier avec mon affaire, n'a jamais vu décrite une telle frénésie d'échanges dans ses manuels de procédure civile.

Une montagne de paperasse circule d'un camp à l'autre. Les audiences dites de mise en état, au cours desquelles un magistrat fait le point sur le dossier, se multiplient sans jamais déboucher sur la fixation d'une audience. À chaque fois que l'échéance approche, Monsanto brandit un nouvel argument qu'il nous faut bien creuser avant d'essayer de le démonter.

Mes avocats rédigeront des conclusions à sept reprises, un record absolu ! Ce document, comprenant un rappel des faits ainsi que notre argumentaire juridique et nos demandes à la cour, forme le socle du raisonnement qui sera tenu à l'audience. Mais l'épilogue se dérobe sans cesse, car toutes mes allégations sont contestées. Un point est soulevé, puis un autre et encore un autre…

Bien sûr, maîtres Lafforgue et Darcq ont d'autres clients : ils doivent avancer sur leurs dossiers et ne peuvent consacrer toutes leurs journées au mien. Heureusement, le cabinet, engagé depuis longtemps au côté des victimes, est habitué aux joutes déséquilibrées. « Il faut arriver à ce que le pot de terre devienne aussi solide que le pot de fer », exhorte mon avocat.

La taille de l'équipe constitue un atout certain : cette structure importante, répartie entre Paris et Marseille, compte une quarantaine de juristes dont les compétences lui ont permis d'acquérir une vraie assise financière. Les avocats ont parfois le luxe de passer beaucoup d'heures sur certaines affaires, sans facturer le travail au prix des efforts engagés ! Aussi, sans lutter à armes égales face à

Monsanto, pouvons-nous espérer rivaliser avec la multinationale, dont les moyens sont presque illimités.

Un jour, François m'appelle, la voix catastrophée : « Paul, on a un problème dans les factures. Monsanto évoque le Lasso CE alors que nous avons fourni des étiquettes portant la mention Lasso tout court. » Je mets des jours à résoudre le casse-tête.

Sur les bons de livraison, il est bien question de Lasso CE. Nous serions-nous trompés ? Je tourne et retourne l'énigme dans ma tête jusqu'à cette illumination : CE veut dire concentré émulsionnable, c'est-à-dire que les matières actives sont mises en solution concentrée dans un solvant.

Au début des années 2000, la règlementation prévoyait que le fabricant accole ce code de deux lettres au nom commercial de son produit afin de préciser le type de formulation. En relisant tous les documents, je m'aperçois que la coopérative ne l'indique pas systématiquement sur les bons de livraison ou les factures.

Comment le fabricant peut-il ignorer le sens de ces deux capitales ? Il ne l'ignore pas. Il cherche simplement à ralentir le processus judiciaire et à me faire craquer.

Dans ces moments-là, le flegme de François Lafforgue est d'un grand secours. Au lieu de se fixer un objectif à très long terme, pour l'instant inaccessible, il se focalise sur la marche d'après. Comme je l'ai toujours dit : « Les problèmes, on les règle les uns après les autres. »

Lorsque la solution se dérobe, on ne panique pas. On se donne du temps pour la trouver. Pas de jurisprudence sur tel point ? Une semaine plus tard, mon avocat en aura déniché une et la situation se débloque.

Il y a le droit et la science. Pour François et Capucine, le volet technique doit être un des piliers de mon dossier. Aucune victoire n'est envisageable si notre argumentation repose sur des sables mouvants conceptuels.

Monsanto rémunère des experts pour instiller le doute ? Nous devons fournir nos propres hypothèses, les plus solides possible.

Pour cela, je ne peux que compter sur l'engagement bénévole de mes amis chercheurs : André Picot, Henri Pézerat et Annie Thébaud-Mony. Après le décès d'Henri en février 2009, sa compagne souhaite poursuivre les combats qu'il a initiés et donc m'aider à bâtir un raisonnement convaincant pour les magistrats lyonnais.

Comme elle n'est ni chimiste ni toxicologue, mon amie sociologue s'invente un rôle de chef d'orchestre. Elle commence par plonger dans les méandres de mon dossier afin d'y puiser la capacité de déterminer les interlocuteurs qui nous feront avancer. Elle discute longuement avec André Picot. Puis elle fait appel à celui qui deviendra une de mes bonnes fées scientifiques : Gérard Barrat.

Je fais la connaissance de ce médecin du travail à la retraite lors d'une des innombrables réunions organisées dans le cabinet de mon avocat. Ce jour-là, Annie expose sa stratégie : il faut inverser la charge de la preuve, qui, pour l'instant, repose sur mes épaules. Si nous sommes suffisamment cohérents dans nos analyses scientifiques, Monsanto sera sommé de les démonter, de démontrer qu'elles sont fausses : une position plus qu'inconfortable.

À la fin de cette séance de remue-méninges, Gérard Barrat se voit chargé de tenter d'établir un lien entre mon travail d'épandage de désherbant les jours précédant l'intoxication et l'accident. Il émettra l'hypothèse que l'imprégnation de mon organisme par le pesticide a provoqué une forme de saturation. Cette idée sera d'une importance majeure pour faire voler en éclats la thèse absurde d'une addiction au Lasso.

Les intenses séances de brainstorming parisiennes me regonflent le moral. Dans notre *war-room* amicale, Annie Thébaud-Mony endosse plusieurs rôles à la fois. Celui d'une entremetteuse entre André Picot et Gérard Barrat, qui ne s'étaient jamais rencontrés avant de plancher sur mon cas. Elle aime que des complicités se construisent. « C'est ça, le contre-pouvoir, sourit-elle. C'est faire en sorte que des gens qui ne se connaissent pas se mettent ensemble pour faire bouger les lignes. »

La sociologue se transforme aussi en coach quand je flanche. Cette pédagogue-née trouve toujours les mots justes pour me transmettre les leçons apprises dans le dossier de l'amiante. Il faut, dit-elle, travailler rigoureusement, faire preuve de plus d'obstination que nos adversaires. Cette voie ne peut que s'avérer payante, car nous progressons à la lumière de la vérité, quand l'autre camp tâtonne dans le brouillard du mensonge.

Un jour qu'elle désespérait, me raconte-t-elle, un de ses amis médecins l'avait consolée en citant Lénine : « Les faits sont têtus. »

11

La piste belge

Pour fournir de la paperasse au monstre américain, je deviens le détective de ma propre vie. J'ai beau pester contre ce boulot à temps partiel qui pénalise mon travail à la ferme, il a aussi du bon.

En 2008, je fais la connaissance de Marie-Monique Robin. La journaliste d'investigation présente à Ruffec son documentaire *Le Monde selon Monsanto*. Lorsqu'elle apprend que j'ai attaqué la firme en justice, cette fille de paysans des Deux-Sèvres me dévoile les coulisses de son enquête, qui a duré trois ans et s'est étalée sur quatre continents.

Sa conclusion, à l'issue de longues recherches sur l'histoire de cette multinationale emblématique de l'agrochimie mondiale, fait écho à mes difficultés : « Il n'est pas simple d'opposer la vérité des faits à celle de Monsanto. »

Cette saga, écrit-elle dans un livre * publié au moment de la diffusion du film sur Arte, « constitue un paradigme des aberrations dans lesquelles s'est engluée la société industrielle ». PCB (pyralène), agent orange (herbicide déversé pendant la guerre du Vietnam et responsable de cancers et de malformations), hormones de croissance bovine et laitière, dioxine : chacun de ces produits a inondé le monde avant d'être interdit au moment où était révélé un immense scandale sanitaire.

« Monsanto savait ! » soupire Marie-Monique Robin.

L'exemple des PCB, isolants industriels classés comme cancérigènes par l'Organisation mondiale de la santé, me donne des haut-le-cœur. Une ONG américaine spécialisée dans la protection de l'environnement a plongé dans les archives de la firme. Ces recherches montrent que celle-ci n'a pas attendu leur interdiction aux États-Unis en 1977 (1987 en France) pour découvrir leur dangerosité sur la santé de tous ceux qui les manipulent et même des riverains des sites de production, comme les habitants d'Anniston, en Alabama. Dès 1937, l'alerte aurait pu être donnée.

Dans son ouvrage, la journaliste française cite un document de 1970 qui « résume à lui tout seul ce mode de fonctionnement ». Dans cette lettre, un cadre du siège, situé à Saint Louis dans le Missouri, indique aux commerciaux

* *Le Monde selon Monsanto. De la dioxine aux OGM, une multinationale qui vous veut du bien*, La Découverte, 2008.

des pistes pour balayer les soupçons qui commencent à émerger. « Vous trouverez ci-jointe une liste de questions et réponses qui peuvent être posées par nos clients [...]. Vous pouvez répondre oralement, mais ne donnez jamais de réponse écrite. Nous ne pouvons pas nous permettre de perdre un dollar de business. »

Marie-Monique Robin semble effarée par ce qu'elle met au jour : « On est surpris de voir à quel point rien ne peut ébranler la ligne que s'est fixée l'entreprise. Elle accumule consciencieusement les données alarmantes, qu'elle s'empresse d'enfermer dans un tiroir, les yeux rivés sur les ventes. »

Depuis sa création, en 1901, la firme, qui compte aujourd'hui 22 500 salariés et dont le résultat net s'élève à 2,3 milliards de dollars, accumule les procès en raison de la toxicité de ses produits. Lors de celui intenté par des habitants d'Anniston, Monsanto sera jugée coupable d'avoir pollué « le territoire d'Anniston et le sang de sa population avec les PCB » et condamnée à payer 700 millions de dollars de dommages et intérêts.

Mais à aucun moment, durant les audiences, le groupe ne fera amende honorable ni ne montrera quelque compassion à l'égard des victimes.

Un autre chapitre retient toute mon attention. Comme le film, le livre consacre un long développement à l'histoire du Roundup, « l'herbicide chouchou des agriculteurs », bien plus prisé que le Lasso, plébiscité par les jardiniers des mairies comme ceux du dimanche.

La même logique est à l'œuvre. Une série d'enquêtes épidémiologiques, rendues publiques à partir de 2001, suggèrent que le produit accroît le risque de cancer (lymphomes et myélomes) ? Un chercheur français montre, en travaillant sur des oursins, qu'il affecte un point clef de la division cellulaire ? La firme ferme les yeux. Elle préfère déverser sur les écrans de télé des pubs rassurantes.

La scène bucolique se déroule dans un jardin. Un chien pulvérise du Roundup sur les mauvaises herbes de la pelouse avant de déterrer un os caché juste en dessous. On ne le voit pas le déguster, mais le message en voix off est limpide : « Si, comme Rex, vous détestez les mauvaises herbes dans votre jardin, voici le premier désherbant biodégradable. Il détruit les mauvaises herbes de l'intérieur jusqu'aux racines et ne pollue ni la terre ni l'os de Rex. »

La journaliste éclaire d'une lumière crue la manière dont les pesticides sont homologués en France et en Europe. Il s'agit pour elle de « procédures bureaucratiques d'une opacité fort peu démocratique ».

Pour obtenir une autorisation de mise sur le marché, le fabricant fournit un dossier scientifique aux autorités sanitaires françaises et européennes. Aucune étude indépendante ne vient valider leurs résultats. La toxicité du produit pour l'homme (exposition chronique), par exemple, est simplement évaluée à partir d'études menées chez les animaux (rats ou lapins).

Outre ces dangers à long terme, Marie-Monique Robin lève le voile sur les cas d'intoxications accidentelles. Pour cela, elle s'appuie sur la chercheuse Julie Marc qui, dans sa thèse de biologie, les évalue à un million par an à travers le monde, dont 20 000 cas mortels.

Avec mes petits moyens, je mets mes pas dans ceux de l'investigatrice des Deux-Sèvres. Une question me taraude : pourquoi le Lasso a-t-il été retiré du marché le 28 avril 2007 ?

La réponse est nichée dans le *Journal officiel de l'Union européenne* du 30 décembre 2006. Cette publication presque quotidienne recense notamment la législation et les décisions judiciaires des instances communautaires. Celle qui m'intéresse émane de la Commission de Bruxelles : cette dernière vient d'opter pour la « non-inscription de l'alachlore » parmi les substances autorisées en Europe et donc pour « le retrait des autorisations accordées aux produits phytopharmaceutiques contenant cette substance active ». Le texte du Chypriote Márkos Kyprianoú, alors commissaire européen à la Santé, détaille les raisons qui ont conduit à cette éviction.

Autorisé en 1968, le Lasso a fait l'objet, comme d'autres pesticides anciens, d'une réévaluation au niveau de l'Europe. Celle-ci a été instruite par l'Espagne, un des pays membres, qui a remis son rapport en juillet 1999. Des experts scientifiques ont ensuite été consultés.

Ils ont pointé deux signaux de sécurité majeurs. Premièrement, l'apparition de tumeurs des fosses nasales dans des études chez le rat. Deuxièmement, l'innocuité de certains produits de transformation (métabolites) n'est pas certaine.

En 2004, de nouvelles inquiétudes concernant les risques de cancer ont émergé et, le 29 avril de cette année-là, l'alachlore a rejoint la classification européenne des substances chimiques cancérigènes dans la catégorie 3 (préoccupantes pour l'homme en raison d'effets possibles).

En conclusion, l'Europe considère que « l'exposition résultant de la manipulation de la substance et de son application » « représenterait un risque inacceptable pour les utilisateurs ». C'est donc grâce aux investigations poussées menées à Bruxelles que la France a retiré l'herbicide du marché à la fin avril 2007.

Bien qu'un peu fastidieuse, la lecture du JO européen me rassure : les fabricants ne passent pas forcément à travers le filet de sécurité. Certes, les autorités européennes ont mis plus de deux ans à tirer les conséquences du classement de l'alachlore comme cancérigène, mais le principe de précaution a triomphé. Une plongée dans l'histoire du Lasso m'apprend que les soupçons de dangerosité sont en réalité très anciens.

Au Canada, l'herbicide avait été retiré du marché dès fin décembre 1985 par le ministre de l'Agriculture à cause d'un « potentiel risque cancérigène ». Un document émanant conjointement du Programme des Nations unies pour l'environnement et de l'Organisation des Nations unies pour l'alimentation et l'agriculture résume le cheminement qui a conduit à ce boycott. À l'époque, l'herbicide est très utilisé pour les cultures de maïs et de soja dans les États du Québec et de l'Ontario.

Après avoir réétudié les études fournies par le fabricant au moment de l'homologation du produit chimique, les autorités sanitaires canadiennes les ont jugées invalides. Sommé de conduire de nouvelles investigations, Monsanto produit trois nouvelles études. La première, menée sur des souris, met en évidence une augmentation de la fréquence des tumeurs au poumon. Les deux autres montrent que les cobayes (des rats) développent des tumeurs des fosses nasales ou de l'estomac.

Ces résultats ont conduit l'autorité sanitaire à classer l'alachlore comme un agent cancérigène pour les animaux et potentiellement cancérigène pour l'homme. Le ministre de l'Agriculture a suivi les recommandations de l'agence sanitaire : « Une exposition professionnelle ainsi qu'une contamination potentielle des nappes phréatiques ont permis de conclure que l'utilisation représentait un risque inacceptable pour la santé des hommes. »

En 1991, six ans après le Canada, le Lasso est retiré du marché dans un autre pays, la Belgique. Cette information m'intéresse. Je veux tenter de comprendre sur quels éléments se sont fondées les autorités sanitaires belges pour obtenir ce retrait. Si nos voisins ont perçu un danger, pourquoi pas nous ?

À ce moment-là, monsieur D. R., ayant entendu parler de mon combat dans les médias, prend contact avec moi et m'indique avoir consulté un document extrêmement important conservé au ministère de la Santé à Bruxelles. Dans ce dossier, qui récapitule tous ceux ayant mené à l'interdiction de l'utilisation de l'alachlore en Belgique, des précisions seraient particulièrement intéressantes. Eurêka ! J'appelle illico mon avocat. Cependant, celui-ci m'indique qu'il est délicat de citer ce témoignage, car la personne a une procédure en cours contre la société Monsanto, ce qui pourrait être contre-productif pour moi. Pour autant, il souligne la nécessité d'accéder à ces écrits.

Alors que je tourne en rond, je demande à Marie-Monique Robin si elle peut m'aider. Bingo : un de ses contacts doit explorer la piste belge. « Si tu reçois un coup de fil ou un mail un peu bizarre, ne sois pas surpris, suis les instructions », m'avertit-elle. Le mystérieux appel ne tarde pas : un homme, qui se présente comme un écologiste, me fixe rendez-vous quelques jours plus tard à Bruxelles. Lorsque je retrouve mon correspondant à la gare du Midi, il me donne un badge de son ONG et m'explique que nous sommes attendus au ministère de la Santé.

Passepartout a bien fait les choses : dès notre arrivée, un fonctionnaire nous remet l'épais dossier du Lasso. « C'est strictement confidentiel, prévient-il. Surtout, messieurs, pas de photocopie. Contentez-vous de retranscrire ce qui vous intéresse. Ne sortez pas de documents. »

Pas de photocopies… mais des photos, pourquoi pas ? J'ai pris soin de venir avec deux téléphones. Si l'on me demande des comptes à la sortie, je montrerai mon portable, vide de tout cliché. Du coup, j'extirpe de mon sac une antiquité et je me mets à photographier tout le dossier.

En repassant près du fonctionnaire, je n'en mène pas large. Mais il ne pose aucune question et nous sortons tranquillement. Avec le recul, il me semble que je me suis inquiété pour rien. Notre interlocuteur avait parfaitement deviné ce que nous étions venus chercher, comme il devait se douter que quelques heures ne pouvaient suffire à prendre des notes précises sur plusieurs centaines de pages.

Par la suite, en regardant les clichés, j'ai quelques sueurs froides. Les photos prises par mon vieil engin sont certes de piètre qualité, mais, en plissant les yeux, je découvre que les soupçons contre le Lasso ont germé en Belgique, comme au Canada, dès 1985.

Cette année-là, le Conseil supérieur d'hygiène, instance chargée d'éclairer le ministre de la Santé, plaide pour le retrait provisoire de l'herbicide de Monsanto au motif qu'une « activité cancérigène chez l'homme de l'alachlore n'est pas formellement exclue ». Il exige que la firme produise des études afin de prouver que le chlorobenzène n'est pas un toxique pour le système nerveux et que l'alachlore n'est pas cancérigène.

Bien évidemment, Monsanto fait la sourde oreille. Plusieurs pièces témoignent de l'activisme du Conseil. Le professeur Robert Lauwerys, un éminent toxicologue spécialiste des intoxications professionnelles, multiplie ainsi les demandes d'information. En vain. Le 30 octobre de l'année suivante, l'instance réitère sa « proposition de retrait » en attendant un rapport détaillé de la part du fabricant.

Pourquoi a-t-il fallu six ans aux autorités pour enfin suivre l'avis du Conseil supérieur d'hygiène ? Je n'ai pu élucider ce mystère. Le 10 juillet 1991, l'opiniâtre cénacle émet un nouvel avis négatif. « La matière active s'est révélée cancérogène dans deux espèces animales, écrivent les experts. [...] À ce jour, la firme productrice n'a pas formellement explicité le mécanisme d'action cancérogène et surtout démontré qu'il n'était pas extrapolable à l'homme ou qu'il permettait de préciser une dose seuil en deçà de laquelle le risque était inexistant. »

Ce dernier assaut, suivi par le comité chargé de l'agrément des produits phytosanitaires, fait flancher la multinationale. Le 5 octobre 1991, au lendemain d'une réunion au ministère de l'Agriculture, Monsanto Belgique annonce par écrit à son correspondant officiel qu'il cesse de commercialiser le produit en territoire belge.

Cette décision apparaît quelque peu forcée, mais la firme a sans doute intérêt à ce recul sur un marché modeste afin de se tirer d'une « affaire délicate », « qui peut avoir [...] des conséquences au niveau européen ». Elle en aura finalement assez peu : seuls les Pays-Bas et le Royaume-Uni emprunteront à leur tour cette voie prudente.

Pourquoi le groupe a-t-il renoncé si facilement ? Certes la Belgique n'est pas un gros producteur de maïs, mais quand même...

Au bout d'une longue errance sur Google, je glane un indice. Le royaume abrite depuis 1966 la plus grande usine de Monsanto en Europe. L'établissement, basé dans le port d'Anvers, un des points les plus stratégiques du continent en raison de l'intense trafic de marchandises qui s'y déploie, salarie environ 800 personnes. Il produit à la chaîne des bidons de pesticides, mais aussi des plastiques et des résines pour d'autres industriels. Ce n'est qu'une hypothèse, mais je me demande si la société n'a pas fait le choix de préserver son usine au détriment de ses ventes sur le sol belge.

Je me rends directement au cabinet de maître Lafforgue pour lui soumettre les trouvailles exhumées dans les archives du ministère de la Santé belge. Après lecture, mon conseil arbore un grand sourire : « Ça me paraît vraiment très fort. »

Pour lui, ces documents attestent que, contrairement à ce qu'elle prétend, la firme avait, dès les années 1980, une connaissance assez précise des dangers potentiels du Lasso. Malgré les fragilités du système d'homologation des produits phytosanitaires, les autorités du royaume ont su repérer des failles dans les études fournies par le fabricant. Elles ont très tôt perçu, en particulier, le risque de cancer.

Ces documents accréditent la position de Marie-Monique Robin : dans le cas du Lasso aussi, Monsanto savait. Et pourtant, la société a continué à nous vendre le désherbant durant des années. Le déni forme le fil conducteur de son enquête journalistique comme de la mienne, plus modeste.

En mars 2008, la firme n'avait pas commenté l'énorme buzz suscité par la diffusion du *Monde selon Monsanto*. Il avait fallu attendre le mois de décembre, et la vente de 80 000 exemplaires de la version papier, pour que le directeur de la filiale française réagisse : « C'est un livre à charge qui assène tout un tas d'erreurs. En France, nous sommes avant tout des agronomes qui travaillons au service des agriculteurs. » Drôle de notion du service, oublieuse des personnes !

Si j'avais été producteur de céréales au Canada ou en Belgique, je n'aurais pas pu manipuler, au printemps 2004, un mélange détonant d'alachlore et de monochlorobenzène. Bien sûr, les « si » n'ont jamais guéri personne, mais j'achève mes recherches plus remonté que jamais. Comment une multinationale peut-elle sciemment mettre en danger notre santé ? En même temps, depuis que le scandale du Mediator a éclaté, je devrais avoir compris que, dans certaines entreprises, seul compte le profit. Au diable, le principe de précaution.

12

La belle équipe

« Ton combat contre Monsanto, il te dépassera. » Ma sœur Marie a deviné que ma vie ne serait plus jamais la même. « Ce que tu es en train de faire va marquer les gens. »

Moi, je me contente de trimer sur mon dossier, sans penser au lendemain. Heureusement, Clara, employée administrative à la ferme, ne compte plus ses heures pour m'aider. Je passe aussi de longues heures à discuter des dangers des pesticides avec d'autres agriculteurs victimes et avec des journalistes. Peu à peu, ces échanges forment une activité à part entière, qui grignote le temps familial et les loisirs.

Le tourbillon humain dans lequel je suis pris s'est formé au lendemain de ma victoire au tribunal des affaires de sécurité sociale d'Angoulême.

Ce jour-là, je suis dans mon bureau en train de travailler, la radio en fond sonore comme souvent. L'invité d'une émission tape très dur sur Monsanto. Jean-Paul Jaud est l'auteur du documentaire *Nos enfants nous accuseront* qui va sortir sur les écrans.

Quelques minutes plus tard, je cherche son nom sur Google. C'est à peine croyable, mais, à cet instant précis mon portable sonne : le réalisateur est au bout du fil. Il me demande de venir le soir même à Paris pour assister à une avant-première et prendre la parole devant les invités. J'aurais toutes les raisons de refuser : cet après-midi, j'enterre un ami. Mais je me jette à l'eau en me disant que, dans le public, il y aura peut-être des gens confrontés à des difficultés similaires aux miennes.

Dans la salle, il y a plutôt des types du show-biz, l'animateur Patrice Laffont ou des têtes connues de Canal +, qui sont en fait des copains de Jean-Paul Jaud. Tout à coup, les lumières se braquent sur moi. « Avant que le film commence, lance le réalisateur, je voudrais féliciter le héros du jour : Paul François. Ce matin, la radio annonçait qu'il avait gagné son combat contre Monsanto. Et puis, ce soir, il est là, il a quitté sa ferme, il a fait 400 kilomètres pour venir vous parler. »

À la fin de la projection, le documentariste me donne la parole. Je raconte mon accident et ma bataille, qui ne fait que commencer. Depuis, je n'ai plus jamais cessé de témoigner.

Jean-Paul Jaud veut que je participe à son nouveau projet sur les limites d'une agriculture dominée par la recherche du profit. À la sortie de *Severn*, en 2010, je me retrouve sur le plateau de Thierry Ardisson dans « Salut les Terriens ! ». Moi qui demeure un cultivateur conventionnel, je suis intronisé porte-parole du combat pour une agriculture plus durable.

Marie-Monique Robin me fait elle aussi participer à son nouveau film. *Notre poison quotidien* démarre avec mon témoignage et celui d'autres d'agriculteurs malades des pesticides. « Je voulais comprendre pourquoi tous ces gens mouraient de cancer si jeunes alors que, en vivant à la campagne, on pense être protégé, mais en fait c'est encore pire... Comment c'est possible qu'on ait autorisé tous ces poisons ? » s'interroge la journaliste.

Le vendredi 18 mars 2011, le documentaire est projeté à la salle polyvalente de Salles-de-Villefagnan, près de Ruffec. Avec une quarantaine d'autres victimes, souvent gravement atteintes (cancers de la prostate, du cerveau, du sang, maladie de Parkinson), nous lançons un débat sur la dangerosité des pesticides.

Cette soirée est l'acte de naissance de l'association Phyto-Victimes, qui voit officiellement le jour le lendemain, lors de sa première assemblée générale à Ruffec.

La gestation aura pris un an : en janvier 2010, un premier rassemblement avait été organisé avec l'association de défense de l'environnement Générations futures. Comme un clin d'œil, le film *Notre poison quotidien* s'ouvre par une séquence tournée à cette occasion, avec une trentaine d'agriculteurs malades, mais aussi mes compagnons de lutte : mon avocat, qui mettait les pieds à la ferme pour la première fois, et André Picot.

Pour moi, c'est la médiatisation qui a créé Phyto-Victimes. Les liens qui se tissaient entre nous auraient pu rester amicaux, mais nous avons voulu donner un supplément de sens à nos épreuves. Les deux têtes pensantes de Générations futures, François Veillerette, son président, et Nadine Lauverjat, alors chargée de mission, m'ont encouragé à entreprendre une démarche militante. Avant sa mort, Henri Pézerat leur avait parlé de moi. Eux aussi sont révoltés par la minimisation de l'impact des pesticides sur les travailleurs qui les utilisent et estiment que, pour alerter les paysans, il y a besoin d'un porte-voix avec les mains dans le cambouis.

« Paul, c'est évident, il faut faire une association », m'a tanné Nadine durant des mois avant de m'aider à organiser le lancement. Dans un article scientifique consacré à mon histoire, deux sociologues, Jean-Noël Jouzel et Giovanni Prete, résument le processus : « Cet acte signe la conversion définitive de son statut de malade en celui de victime engagée dans une quête de justice et dans un combat contre Monsanto et l'ensemble des pratiques déviantes des fabricants de substances phytosanitaires. »

La nouvelle association, dont je deviens le président, offrira un accompagnement moral et juridique aux agriculteurs, comme aux horticulteurs, aux employés des espaces verts, aux salariés de l'agroalimentaire, aux techniciens agricoles et à bien d'autres professions dans leurs démarches pour la reconnaissance d'une maladie professionnelle.

Un de nos objectifs est de favoriser le recensement des personnes touchées par des expositions aiguës et chroniques. Plus généralement, nous espérons la sortie de l'omerta sur les dangers de ces produits. Nous souhaitons également pousser les pouvoirs publics à changer les lois sur les maladies professionnelles en milieu agricole.

La route sera longue : seuls une quarantaine d'agriculteurs à travers le pays ont réussi, comme moi, à obtenir une reconnaissance en maladie professionnelle. En dehors de l'arsenic, interdit depuis 2001, aucun produit phytosanitaire n'est pris en compte par le tableau du régime agricole.

Pourquoi « Phyto-Victimes » ? J'entends parfois que nous aurions pu être plus originaux, ou plus efficaces, dans le nom que nous nous sommes choisi. Il fallait éviter le terme « pesticides ».

« Phyto », ça ne dit pas grand-chose à la plupart des gens, mais, pour les professionnels, ça compte. C'est un mot à nous : « Tu as acheté des phytos ? Tu as fait ta commande de phytos ? Tu as fait rentrer tes phytos ? »

Le soir de la création de l'association, le visage de Yannick flotte dans mes pensées. Et pas seulement parce que Marie-Monique Robin lui donne longuement la parole dans son documentaire.

J'ai fait la connaissance de Yannick sur le tournage de *Severn*, le film de Jean-Paul Jaud. Cette rencontre m'a bouleversé. C'était un éleveur, céréalier et producteur de Charente-Maritime, un type de ma génération. À 37 ans, on lui a découvert par hasard une leucémie. Le dentiste venait de lui arracher une dent et l'hémorragie ne s'arrêtait plus.

Le viticulteur estime que son exposition chronique au benzène, utilisé comme solvant dans les pesticides, est à l'origine de son malheur. Lui aussi est parvenu à obtenir une reconnaissance en maladie professionnelle. « Les produits qui m'ont empoisonné et ceux qu'on me donne pour me guérir sont fabriqués par une seule et même firme », témoigne-t-il face à la caméra de Jean-Paul. Yannick est malheureusement décédé le 15 janvier 2011. Ses traits marqués, défigurés par la cortisone, deviendront le symbole de ces centaines d'agriculteurs tués à petit feu par les pesticides.

Sa veuve prend la vice-présidence de l'association. Très vite, elle relève la tête pour essayer de réaliser le rêve de son mari : convertir l'exploitation à l'agriculture biologique. Le cancer avait empêché mon ami de changer ses pratiques, mais il y songeait déjà depuis des années.

Avant de sauter le pas, elle se forme à l'agronomie et découvre que le bio, c'est beaucoup plus technique que l'agriculture conventionnelle. Il faut prévenir les maladies plutôt que les guérir.

En avril 2010, Frédéric s'est vu diagnostiquer, à 40 ans, un cancer de la vessie avec des métastases osseuses. Son père avait pris contact avec moi quelques mois auparavant. « Ah, encore un. Vous avez la maladie des viticulteurs ! » Voilà ce qu'a lâché son urologue au malade, un passionné qui cultive vingt hectares de vigne en Charente.

Le médecin n'avait pas exagéré. Dans le centre anticancer de Bordeaux où il a subi des séances de chimiothérapie, mon camarade a croisé une dizaine d'agriculteurs. « Eux n'en parlent pas, souffle-t-il. Parce qu'un paysan, ça ne cause pas. Le mot "cancer" est tabou. » C'est pour ça que, avec le peu de force qu'il lui reste, Frédéric rêve de « briser l'omerta ». Incapable de travailler à temps plein, il vit au jour le jour, en espérant obtenir une reconnaissance en maladie professionnelle qui aiderait un peu ses jumeaux de 5 ans. Dans son malheur, il a la consolation d'être soutenu par sa cancérologue, qui appuie sa démarche.

Son père, à la retraite, nourrit beaucoup d'angoisse pour l'avenir, mais aussi de nombreux regrets. À partir des années 1970, comme de nombreux confrères, ce dernier a eu la main lourde sur les produits phytosanitaires, car les vignes sont fragiles et sensibles aux maladies.

« Ma génération a utilisé massivement les pesticides. Cela facilitait le travail. On vivait mieux. Nous étions persuadés d'avoir éradiqué le mildiou et l'oïdium. On traitait dès qu'un champignon pointait le nez ou qu'un parasite se posait sur les feuilles. Sans la moindre inquiétude : à l'époque, on nous disait : allez-y, c'est sans risque. Nous, on faisait confiance à la science. » Frédéric n'a jamais entendu non plus les marchands de produit dire qu'il fallait se protéger.

Dominique Marchal est un autre croisé de Phyto-Victimes. Ce céréalier de Serres, en Meurthe-et-Moselle, a développé, en 2002, à l'âge de 44 ans, un syndrome myéloprolifératif, une forme de cancer du sang. En chimiothérapie depuis 2007, il a dû embaucher un salarié pour l'aider à la ferme, où il cultive 500 hectares de céréales et élève 110 vaches avec ses frères.

Son parcours du combattant symbolise la difficulté à demander réparation. Dominique répète souvent que, sans sa femme Catherine, il n'en aurait pas eu la force. Au début, il n'acceptait pas son cancer. C'est elle qui a fait la demande de reconnaissance de maladie professionnelle pour lui prouver que ce n'était pas de sa faute s'il était malade.

Dans notre petite bande, il y a aussi Gilbert, ancien chef de culture, salarié sur une exploitation de 300 hectares dans le Cher. C'était le plus précautionneux d'entre nous : il mettait toujours une cotte, un masque et des gants pour préparer les produits.

Un soir de 1998, il a été pris d'une violente migraine. Apprenant qu'il avait passé la journée à pulvériser du Gaucho sur de l'orge, son médecin diagnostique une intoxication. Il faudra attendre 2002 pour qu'une neurologue mette le mot Parkinson sur les raideurs musculaires qui le handicapent.

L'évolution de la maladie a été fulgurante et Gilbert a dû arrêter de travailler en 2003. Contrairement à moi, il a été épaulé par le médecin conseil de la MSA, mais la caisse a néanmoins refusé de reconnaître sa pathologie. Heureusement, le tribunal a validé le lien entre l'insecticide et son handicap.

Le département du Cher compte un deuxième pilier de l'association : Jean-Marie, à la tête d'une exploitation de polyculture de 230 hectares et frappé par un myélome foudroyant à l'âge de 41 ans, en 2001. Entre les séances de chimiothérapie, il a continué à faire tourner sa ferme. Lui aussi est victime du chlorobenzène, ce solvant contenu dans le Lasso, qu'il passait sur ses cultures avec d'autres produits.

En 2011, Jean-Marie s'est engagé, comme moi, dans une bataille au civil contre Monsanto. Mais l'entreprise est délicate, car le lien entre une exposition chronique et son cancer est difficile à démontrer.

Denis est également un élément essentiel de notre petit noyau. Cet éleveur de charolaises dans le Jura, qui pratique aussi la polyculture de céréales, est tombé malade en 2008, à l'âge de 44 ans. Son lymphome (cancer des ganglions) ne l'a pas tué, mais l'a laissé paraplégique.

Aujourd'hui, à cause de la fichue tumeur qui a comprimé sa moelle épinière, il doit se déplacer en fauteuil roulant. « Je me suis vraiment senti seul pendant un long moment, avoue-t-il. Sans mes proches, les occasions auraient été multiples de vouloir s'arrêter. Il y a encore des matins où j'ai l'impression que je vais me réveiller de ce cauchemar. »

Après le traitement, Denis est resté deux ans et demi en centre de rééducation. Pour tenir, il s'accroche à de petits progrès : « Je suis maintenant capable de faire quelques pas, ça peut paraître rien, mais pour moi c'est formidable. » Le Jurassien a entamé un bras de fer contre la MSA. « Cela a été long, dur, je me suis heurté à des murs », confesse-t-il. Il a fini par assigner la Sécurité sociale agricole devant le TASS, qui a reconnu son cancer en maladie professionnelle le 2 janvier 2011.

Aujourd'hui, il fait deux rêves. Le premier, c'est celui de diminuer les pesticides sur son exploitation d'une centaine d'hectares. Il y a urgence, car il n'a plus le droit de manier les produits chimiques et un de ses voisins réalise les traitements à sa place. Mais, comme nous tous, Denis a peur que cette révolution ne compromette l'économie de sa ferme, déjà malmenée par sa maladie. Il craint de ne pas avoir les compétences agronomiques pour une conversion. « Transmettre à mes enfants quelque chose de propre, ce sera vraiment la finalité. » Son deuxième rêve, le « bol d'oxygène » dont il avait besoin, participer à un projet collectif, s'est concrétisé avec la création de notre association.

Benoît Tournier, élément important de notre structure, est également présent ce jour-là. Cet éleveur de bovins allaitants et viticulteur en Charente-Maritime est atteint de la maladie de Parkinson. Il est convaincu, étant donné son expérience, de la nécessité de se fédérer, et s'engage au sein de l'association dès la première heure.

Jean-Marie Bony est aussi là. Il a traversé la France pour cette occasion. C'est un ancien technicien de coopérative agricole, victime d'un lymphome, et qui se bat devant la justice pour une reconnaissance en maladie professionnelle. Ce jour-là, la rencontre avec d'autres agriculteurs et maître Lafforgue lui redonne espoir. De fait, il obtiendra en 2013, après trois refus de la justice, la reconnaissance du caractère professionnel de son mal. Jean-Marie nous a quittés le 16 août 2017. Nous gardons de lui l'image d'un homme généreux, combatif, souriant et toujours prêt à s'investir en dépit des souffrances physiques qui l'éprouvaient tant.

Enfin, le succès de Phyto-Victimes repose en partie sur les épaules d'Antoine Lambert, producteur de céréales sur 140 hectares dans l'Eure et cheville ouvrière de l'association qui nous a rejoint en 2012. Contrairement à nous, il n'est pas malade. Ce qui lui donne peut-être la force de bousculer les idées reçues. Sans s'être converti, Antoine pratique depuis des années une agriculture plus responsable, une sorte de troisième voie entre l'intensif et le biologique. Grâce à la rotation des cultures et aux mélanges des variétés, ce féru d'agronomie utilise moitié moins de produits chimiques.

Ce que nous réalisons, ce 19 mars 2011, en lançant Phyto-Victimes, est un petit miracle. La solidarité entre survivants ne va pas de soi. De la Charente au Cher, de la Meurthe-et-Moselle à la Charente-Maritime, l'agriculture est un milieu très secret : on ne se montre pas, on ne se plaint pas.

Depuis ma victoire à Angoulême, j'entends dire : « Paul, tu nous emmerdes à parler de ça. La profession n'a vraiment pas besoin de cette polémique. » Ceux qui, comme moi, parviennent à se penser comme victimes, et parfois à demander des comptes, doivent affronter bien des déboires. On m'a ainsi souvent reproché d'être moi-même la cause de mes malheurs : après tout, si je n'avais pas laissé la cuve de mon pulvérisateur au soleil, si j'avais revêtu une tenue de cosmonaute...

De manière générale, on cherche à culpabiliser les agriculteurs. Le problème, ce ne serait pas les produits, mais la négligence de ceux qui les manipulent : ils n'ont pas fait attention, ne se sont pas protégés correctement. Dans d'autres secteurs, les reconnaissances en maladie professionnelle sont presque automatiques : le lien entre un cancer du sinus et l'exposition aux poussières de bois dans une scierie est, par exemple, rarement contesté, mais dès qu'il s'agit des phytos... La chimie, c'est ce qui bloque.

La pression vient aussi de l'opinion : depuis quelque temps, l'image du paysan a changé. Nous sommes accusés de mettre en danger le consommateur et l'environnement. Sans être faux, c'est un raccourci.

C'est ignorer que nous sommes prisonniers de nos rêves d'agriculture intensive et de révolution verte, comme on disait dans les années 1970, quand nous qui sommes malades aujourd'hui avons embrassé la profession. Il est difficile d'admettre que le système auquel nous avons cru est en train de nous empoisonner.

J'ai mis des années à pouvoir penser ainsi. Je suis agriculteur, plutôt de centre droit, sans réelle fibre militante. Annie Thébaud-Mony, mon amie sociologue dont le cœur est très à gauche, dit qu'elle m'a vu changer.

Quand nous avons fait connaissance, j'entamais un combat individuel pour obtenir la réparation d'une injustice. Au fil des mois, elle m'a senti prendre conscience que mon drame découlait d'un problème politique – le non-dit sur les ravages des pesticides et de la chimie – bien plus grand que moi. Et qu'il était impossible de rester les bras croisés quand, au nom du profit, certains sacrifient sans vergogne la santé, la vie d'autres personnes.

Redevenant acteur de la mienne, j'allais essayer d'en faire quelque chose. Pour Annie, cela témoigne d'une forme de résilience individuelle dopée à l'amitié. En retour, la création de l'association porte en germe une forme de résilience collective.

La première fois que je lui ai parlé de mon projet associatif, Annie a tout de suite été emballée : « Les victimes sont la preuve, Paul. » Dès les années 1980, elle-même s'est battue avec Henri Pézerat pour que celles de l'amiante, et à leur suite tous les malades du travail, sortent de l'ombre.

« Il y a un acharnement pour les rendre invisibles, constate-t-elle. Dans le cas de l'amiante, il provient du patronat. Dans le tien, des multinationales. Leur point commun : ils se font du fric sur la mort des gens. »

Pour « briser cette invisibilité », poursuit-elle, « il n'y a rien de mieux que le collectif » : « Il faut générer des contre-pouvoirs. » Elle a favorisé, aux quatre coins du pays, l'émergence d'associations de victimes, dont la nommée Henri Pézérat qu'elle préside, dans le dos de syndicats trop timorés sur la question de la santé au travail.

Moi, je dois œuvrer en marge des syndicats agricoles. Dans le dossier des pesticides, le principal comme les chambres d'agriculture se comportent plus comme les ventriloques des firmes que comme les représentants des agriculteurs.

À en croire mon amie, la force du nombre ainsi que le côté fraternel et solidaire de l'engagement associatif, nous permettront de nous relever après les batailles perdues, car il y en aura nécessairement.

Unis, nous parviendrons peut-être à faire passer un message, alors que, seuls, nous avions l'impression de crier dans le désert. La transmission de toutes les informations sur les dangers des pesticides est un de nos impératifs. Annie a constaté que, à force de rabâcher que le travail tuait, la notion du risque avait émergé. Des précautions ont été prises, des victimes ont osé demander justice.

Grâce à son soutien et à celui de Générations futures, j'ai élaboré une vision très claire de mes objectifs : il faut se fédérer, se professionnaliser. Mon côté entrepreneur prend le dessus. Priorité : engager un salarié pour répondre à tous ceux qui nous contactent par téléphone, et trouver un local.

Qu'à cela ne tienne, je dégage une grande pièce chez moi. La dépendance où mon bureau est installé devient le siège de la nouvelle structure. La région Poitou-Charentes, et particulièrement sa présidente Ségolène Royal, offrent leur soutien et nous font part des possibilités de financer un emploi tremplin. Après un premier employé, nous recruterons Ophélie Robineau, une diplômée en biologie qui a dirigé l'antenne régionale d'un syndicat professionnel.

En la rencontrant, j'ai immédiatement l'intuition qu'Ophélie est la perle rare que je cherchais pour faire prospérer Phyto-Victimes. Aucune association ne peut tourner sans un bon duo président/administratif.

Notre nouvelle chargée de mission s'immerge dans la matière avec ardeur, et, au bout de quelques semaines, elle, la spécialiste de production animale, en sait autant que moi sur les céréales et les pesticides.

Elle liste les pathologies qu'ils peuvent entraîner : maladies neurodégénératives et troubles neurologiques (dont Parkinson), hypersensibilités chimiques multiples, leucémies, lymphomes, cancers du poumon, des reins, de la vessie, des testicules, du pancréas, de la prostate, de la peau, mais aussi des troubles moins graves mais récurrents : maux de tête, grande fatigue, douleurs musculaires, eczémas, etc.

Très vite, Ophélie met au point un protocole pour rationaliser l'accueil téléphonique des victimes et de leurs proches. Chacune de ces démarches est cousue main, en fonction de la profession de la personne qui appelle, du régime d'assurance sociale dont elle dépend.

Toute la détresse cachée du monde agricole lui saute à la figure. Elle découvre à quel point les cultivateurs, qui ont la passion de leur métier, ont du mal à se plaindre. Certains ont tellement honte de leurs démarches qu'ils le dissimulent à leurs amis ou voisins. « Vous savez, je ne me suis pas protégé », confient-ils à Ophélie. Et elle d'expliquer que ce qui compte, c'est l'exposition au produit chimique.

« C'est vrai, poursuivent certains, on nous disait qu'il n'y avait que du bénéfice à utiliser les phytos. Pour nous convaincre, les commerciaux en buvaient devant nous ! C'était une technique de vente et on ne s'en est même pas aperçus. On a été bien bêtes... » Toujours, ils se rabaissent, relisant le passé à la lumière des connaissances présentes, oubliant que d'autres se sont laissé piéger par l'idéologie du progrès.

Beaucoup se noient dans la culpabilité. Ils redoutent de voir leurs proches tomber malade à leur tour, ou les riverains de leurs parcelles, les consommateurs des grandes villes. « Moi, c'est en train de me tuer, entend-elle souvent. Mais combien de personnes ai-je empoisonnées ? »

Certains n'ont pas la force de lancer eux-mêmes un SOS. Ophélie croule sous les messages d'épouses, de mères, de filles ou de sœurs qui prennent le dossier à bras-le-corps, parfois en cachette dans un premier temps. Elles s'accrochent à la loi, aux droits qui protègent les travailleurs.

De son poste d'observation, Ophélie, qui devient bientôt directrice de Phyto-Victimes et encadre nos deux recrues, Emma et Claire, assiste à une prise de conscience des dangers des pesticides. À son arrivée en Charente, elle passe parfois une heure à discuter de sujets anodins avant de pouvoir entrer dans le vif du sujet et interroger les victimes sur les détails de leur maladie.

Mais, assez vite, ces dernières deviennent de plus en plus averties. Elles connaissent les subtilités des tableaux de pathologies professionnelles et posent des questions de droit pointues.

Depuis que les salariées de Phyto-Victimes me délestent de la chasse aux subventions auprès des départements, régions, et ministères, je me déplace dans toute la France voire même à l'étranger. Dès qu'ils le peuvent, mes amis de l'association prennent eux aussi le micro. Nous formons un petit commando de porte-parole des dangers des pesticides.

Débats, tables rondes, conférences, plateaux télé, réunions au ministère de l'Agriculture, participation à des groupes de travail à l'agence sanitaire Anses, actions de lobbying auprès des parlementaires français ou européens à Bruxelles…

Il nous arrive parfois d'être fatigués de jouer les ambassadeurs de pratiques plus vertueuses, mais jamais lorsque nous nous trouvons devant les élèves des lycées agricoles. Nous avons tous conscience que le changement, l'agriculture de demain, s'inventent dans ces établissements. Un nombre croissant de proviseurs et de chefs d'exploitation nous invitent d'ailleurs à témoigner. Si dans chaque classe les élèves sont nombreux à épauler leurs parents pour les épandages de pesticides, très peu prennent des précautions. Dans certaines familles, on travaille encore comme il y a cinquante ans. « Protégez-vous, bon sang ! » C'est une phrase que je répète souvent à ces jeunes. Hors de question de donner des leçons : je leur raconte tout simplement ma vie ; je leur parle de ces « bombes à retardement » que constituent les cancers, lesquels forment des épées de Damoclès invisibles au-dessus de leurs têtes. « Prenez un masque ou au moins des gants ! »

En conclusion, j'essaie de les convaincre d'aiguiser leur esprit critique : « Il ne faut pas croire que la seule façon de produire, c'est l'intensif, l'industriel. Méfiez-vous de l'entrisme des firmes ! Moi aussi, j'y ai cru, c'était le même discours dans les années 1980 ! » Je n'ai pas toujours l'impression de prêcher dans le désert. Il y a quelque temps, un adolescent m'a pris à part à la fin de l'après-midi : « Mon père refuse de porter des gants. Je vais lui en parler. »

Autres rencontres passionnantes pour chacun d'entre nous : celles avec les élus locaux, les consommateurs à l'initiative d'associations ou les riverains de parcelles cultivées. Ici, le maire d'un petit village s'interroge : « Nous avons des cultures de vignes et de céréales, nous subissons des pulvérisations, que pouvons-nous faire légalement ? » Puis un père éploré se lance : « Mon enfant de 7 ans est atteint d'une leucémie, nous habitons au milieu des champs, est-ce la cause de sa maladie ? »

Parfois, ces débats accouchent de propositions innovantes. En Limousin, après des mois de réflexion, Phyto-Victimes a participé, avec les producteurs de fruits locaux, plusieurs associations et des élus, à la création d'une charte de bonnes pratiques visant à réduire et à réguler l'utilisation des pesticides. Interdiction d'intervenir dans les champs le dimanche et les jours fériés, engagement à éviter de le faire le samedi, achat de machines plus performantes, interdiction d'utiliser le désherbant en limite des parcelles, bannissement des produits classés perturbateurs endocriniens… Grâce à cette recherche de consensus pilotée par le militant associatif (et riverain) Fabrice Micouraud, et Laurent Rougerie, président de l'AOP Pommes du Limousin, les risques liés à l'épandage sur les vergers de goldens sont aujourd'hui mieux maîtrisés. Et, grâce à notre travail de médiation, la cohabitation parfois houleuse entre les agriculteurs et les autres habitants commence à s'apaiser.

Mais certaines discussions demeurent enfiévrées. Certains soirs, je m'entends reprocher de ne pas prôner le tout-bio, de ne pas appliquer chez moi les grands principes que je défends. Les plus virulents sont les retraités qui ont quitté les campagnes pour s'exiler à la ville. De retour au pays, fâchés de ne pas retrouver les paysages d'antan, ils s'en prennent à nous autres, les agriculteurs. Leurs reproches ont le don de m'agacer. Qu'auraient-ils fait de mieux que nous ? Ils ont bouffé de la purée mousseline toute leur vie et, une fois à la retraite, ils voudraient nous apprendre à faire pousser les patates !

De son côté, Sylvie a fort à faire entre les filles, dont elle s'occupe beaucoup, et son poste à la maison de retraite. Elle me laisse le plus souvent mener le combat militant en solitaire. Cela ne l'empêche pas de partager mes interrogations sur le fonctionnement de l'association et de me donner son point de vue lorsque j'ai un doute.

Par moments, ma femme trouve que je déserte beaucoup la maison. Mais je m'obstine à aller partout où l'on m'invite, pour ne plus laisser les firmes ou les représentants traditionnels du monde agricole confisquer le débat.

Début 2012, France 2 diffuse *La mort est dans le pré*. Ce film d'Éric Guéret sur les agriculteurs victimes des pesticides donne la parole à plusieurs d'entre nous. Le réalisateur nous a suivis durant des mois.

À l'écran, je trouve mes compagnons à la fois pudiques, courageux et passionnés. Mais aussi sur la retenue, comme empêchés. Le jour de la diffusion, *Libération* écrit très justement : « Le documentaire démonte le piège qui broie [les agriculteurs] : l'utilisation intensive de la chimie a révolutionné leur métier, leur a procuré d'énormes gains de productivité et de confort dans le travail. Mais, en deux générations, ils ont oublié les méthodes traditionnelles de l'agronomie. Abandonner le système chimique leur paraît impossible. »

La journaliste décrit exactement mon sentiment à l'époque du tournage. D'un côté, mon travail à la tête de l'association me passionne. Le nombre de nos adhérents augmente : des salariés agricoles, des agronomes, des paysagistes, des enseignants en lycée agricole nous ont rejoints.

De dix à vingt dossiers de demande de reconnaissance en maladie professionnelle, nous atteignons désormais plusieurs centaines. Grâce à l'engagement du conseil d'administration, des adhérents, et au professionnalisme des salariées, nous nous sommes imposés, aux yeux des autorités, comme les porte-voix crédibles de travailleurs empoisonnés par la chimie.

Malgré ce succès, je ne parviens pas à m'ôter de la tête le sentiment que mon monde s'est écroulé. Je n'ai pas la force de m'inventer une autre vie professionnelle en convertissant ma ferme au bio.

Au fond, tout le système agricole, des multinationales à la FNSEA, a réussi à nous imposer l'idée qu'il n'y avait pas d'autre modèle possible. Que l'un d'entre nous cherche à s'émanciper et il est aussitôt rattrapé au collet par les dettes contractées pour acheter du matériel agricole.

Éric Guéret nous tend un miroir cruel mais juste : nous sommes pris au piège.

13

Les lumières de Lyon

Sur la place des Terreaux, ce dimanche 11 décembre 2011, les quatre chevaux de la célèbre fontaine de Bartholdi se sont lancés dans une folle échappée. Leurs silhouettes, crinière au vent, pattes graciles, se découpent en ombres chinoises sur la façade de l'hôtel de ville.

Faut-il voir dans ce spectacle un présage favorable ? Des statues caracolent dans les rues de Lyon, un soir de fête des Lumières, peut-être vais-je moi aussi réussir à me libérer du poids qui pèse sur mes épaules depuis sept ans.

Sylvie, Laura et moi sommes venus pour mon procès. Nous avons pris l'avion depuis Bordeaux, sans Amandine, qui est en voyage scolaire. Ce soir, nous nous baladons dans la capitale des Gaules, que nous n'avons jamais visitée. Par miracle, nous parvenons à profiter de ce dernier moment de calme avant la journée éprouvante qui nous attend.

Après avoir beaucoup pesté contre cette confrontation en justice qui ne venait jamais, j'ai fini par me résoudre à la patience. Le temps me donne raison. Chaque mois, une nouvelle étude, un nouveau reportage télé souligne les dangers des pesticides.

Comme le monde rural, le reste de l'opinion publique, sans doute inquiète des poisons contenus dans les assiettes, en fait désormais une affaire prioritaire.

Il y a de longues semaines que je me prépare à l'audience, plus importante à mes yeux que les deux rounds devant le tribunal des affaires de sécurité sociale. On en vient au fond, à la responsabilité du fabricant.

Je lis et relis les conclusions rédigées par maîtres Lafforgue et Darcq. Sous leurs plumes affûtées, toute mon histoire tient en vingt-trois pages. Je ne sais pas ce qu'en penseront les magistrats, mais, personnellement, il me semble que leurs arguments sont imparables.

Je vais au combat pour moi, bien sûr, pour ma femme et mes filles, pour mes parents, pour mes frères et sœurs, sans lesquels je n'aurais jamais tenu. Mais aussi pour tous ceux qui vomissent après avoir préparé leurs maudits mélanges, pour ceux dont le nez saigne, pour ceux dont les yeux piquent et qui laissent filer, pour tous les agriculteurs malades des pesticides sans même oser en parler, pour tous ceux qui crèvent dans leur coin. Il faut briser l'omerta encore à l'œuvre dans nos campagnes.

Le lendemain, nous déjeunons avec mon avocat et mes proches dans une brasserie du centre-ville. Je suis concentré comme un boxeur à la veille du match de sa vie.

François Lafforgue, en général avare de pronostic, se dit assez confiant. Il me prodigue ses derniers conseils : « Paul, il faut vous préparer, ça va être dur, ils ne vont pas vous faire de cadeau. Les avocats ressemblent souvent à leur client. Donc, ceux de Monsanto vont probablement faire preuve de la même mauvaise foi que l'on retrouve dans leurs écritures. Ça va nous faire bondir. Vous aurez envie d'intervenir, mais il va falloir rester attaché sur votre chaise. »

Il me demande de demeurer près de lui à l'audience et de ne pas répondre aux conseils de la partie adverse, sauf si un juge me donne la parole. Il précise que cette éventualité peut se produire vers la fin des débats. « Si vous avez envie de rajouter quelque chose, vous pourrez le faire. » Mais, au civil, la victime reste en coulisses : je ne serai pas partie prenante de mon propre procès.

François Lafforgue ajoute que je ne dois pas être surpris : les magistrats feront certainement preuve de froideur, à tout le moins de la distance qui sied à leur fonction. Avec les années, mon avocat a appris à me connaître. Il sait que je peux m'agacer. « Surtout, ne vous emportez pas. Vous en aurez peut-être la tentation, car nous allons parler les premiers. Donc, nous n'aurons pas le dernier mot. Il faudra vous y faire. »

Il faut aussi s'habituer à la pression médiatique. Les coups de fil ont commencé durant le week-end : RTL, Europe 1. Lors du déjeuner au restaurant, LCI me réclame une interview.

Alors que je sors de la brasserie pour répondre au journaliste, j'aperçois les fourgons des chaînes de télévision avec leur forêt d'antennes paraboliques. Toute cette agitation, c'est pour moi ? J'improvise quelques mots au micro, puis je me réfugie à l'intérieur. Je suis désarçonné.

Lorsque nous quittons le restaurant vers 13 heures, une nuée de caméras et d'appareils photo nous saute au visage. C'est un moment pénible. Je n'ai pas l'impression de vivre ma vie, mais celle d'un personnage de la télé.

Ma femme, elle, a gardé de son enfance de fille unique un goût prononcé pour la solitude. Dans son imagination, nous arrivions en catimini, incognito. C'est loupé !

Un comité de soutien, muni de banderoles, nous attend quelques centaines de mètres plus loin, sur la place du tribunal de grande instance. Il y a là de nombreux militants de Phyto-Victimes, comme mes amis et Jean-Marie, ainsi qu'une trentaine d'autres de la Confédération paysanne. Leur présence me réchauffe le cœur.

Je m'arrête un instant devant les micros qui se tendent à mon passage : « C'est dur mais nécessaire. » Mon avocat embraie : « Je crois bien que c'est la première fois qu'un particulier s'attaque ainsi à Monsanto. En tout cas, engager une responsabilité contre un fabricant est une première dans le secteur de l'agroalimentaire. » Les caméras nous bousculent encore, alors que nous présentons nos pièces d'identité pour entrer dans le palais de justice.

Une fois dans le hall, c'est une cohue indescriptible. Au moment de s'engouffrer dans l'ascenseur, Sylvie est bousculée et voit la machine partir sans elle. « Mais laissez mon mari tranquille », s'emporte-t-elle quand elle me retrouve à l'étage, complètement cerné par les journalistes. Tout aurait pu mal tourner si le documentariste Éric Guéret, que nous avions autorisé à nous suivre, ne nous avait pas priés de garder notre calme : « Vous avez besoin du soutien des médias. »

Nous attendons devant la salle d'audience. Je parviens à m'isoler dans un petit coin, face à une fenêtre. Sylvie, qui n'est pas dupe de mon air faussement décontracté, comprend que j'ai besoin d'être seul un moment. Soudain, la porte s'ouvre. Je m'avance dans cette petite étuve bondée, sans fenêtres, tout sauf solennelle, et je prends place à côté de maître Darcq. Laura est assise à ma droite, ma femme à côté d'elle.

Le président, épaulé par deux juges assesseurs et assisté d'une greffière, prévient : « On ne doit pas filmer.

Silence ! » Maître Lafforgue m'avait averti que nous risquions de passer en premier, car mon avocat vient de loin. Cela se confirme. La politesse a encore courts dans les palais de justice.

François est un diesel. Il commence lentement avant de monter en puissance, avec une grande efficacité. Quel soulagement de l'entendre raconter mon intoxication ! Ses mots agissent comme un baume sur ma plaie toujours béante. Mais l'exercice n'est pas si simple : Monsanto est allé jusqu'à contester l'accident, mes comas, voire même mon utilisation du Lasso. Mon avocat s'en amuserait presque : « Si on suit Monsanto, on en vient à se demander si Paul François existe vraiment, s'il est vraiment agriculteur. Pour en être certain moi-même, je suis allé visiter son exploitation. Je vous rassure : il a bien des champs et un pulvérisateur pour les produits phytosanitaires dans son hangar. »

Je frémis en l'entendant lire un extrait de la fiche toxicologique établie par l'Institut national de recherche et de sécurité pour la prévention des accidents du travail et des maladies professionnelles. Les magistrats ne pourront pas douter de la dangerosité du chlorobenzène, le solvant utilisé dans le Lasso, principal responsable de mes malheurs. « L'inhalation de vapeurs provoque une irritation oculaire et des voies respiratoires, martèle mon avocat. À forte dose, on peut observer une atteinte neurologique associant somnolence, manque de coordination, dépression du système nerveux central, puis troubles de conscience. »

Mon conseil révèle ensuite à la cour qu'il nous a fallu missionner nous-mêmes un laboratoire pour découvrir la composition exacte du désherbant. Sur le bidon, la part du solvant, qui représente en réalité la moitié du total, semblait dérisoire.

La partie scientifique de sa démonstration est rendue limpide par le travail de Gérard Barrat, qui a complété les analyses élaborées par les deux P, Pézerat et Picot. Le médecin du travail cloue au pilori le cocktail fatal produit actif-solvant : « L'association, à fortes doses, facilite le stockage adipeux de ces deux produits. » Il souligne premièrement que « les traces d'alachlore retrouvées dans les cheveux sont le témoin d'un stockage adipeux de ce produit qui s'est éliminé progressivement au cours du temps ».

Pour lui, la conséquence de ce stockage ne fait aucun doute : « Les symptômes neurologiques ainsi que les taux importants de chlorophénol urinaire retrouvé en février 2005 traduisent des phénomènes de relargage par "paquets de chlorobenzène stockés dans les graisses". »

Dans mon dos, je sens les regards bienveillants de mon frère Patrick, d'Anne, ma belle-sœur, de plusieurs neveux et nièces. Annie Thébaud-Mony, présente elle aussi, me dira par la suite qu'Henri Pézerat avait été frappé par la manière dont j'étais soutenu par les miens.

Il nous avait trouvés, Patrick, Sylvie et moi, ainsi que le reste de la fratrie, très soudés et très « réfléchis ». Aucun de nous ne se laissait écraser par la fatalité et cela lui donnait de l'espoir. Annie et lui avaient trop souvent vu des personnes sonner à leur porte avant de faire marche arrière.

La sociologue n'est pas seulement là par amitié. Elle aime accompagner les victimes jusque dans les palais de justice. C'est à ses yeux un temps de mobilisation, un moment politique au sens noble du terme. Elle sait d'expérience que les visages des militants dans le public, venus poser une question de fond au nom de toute la société, obligent les magistrats à prendre une affaire au sérieux, en leur âme et conscience.

« Le fabricant d'un produit doit fournir tous les renseignements indispensables à son usage et notamment avertir l'utilisateur des précautions à prendre lorsque le produit est dangereux. » Mon avocat s'attelle maintenant à démontrer la responsabilité de Monsanto, ce qui suppose d'établir un lien entre le produit et mes problèmes de santé. « La preuve du lien de causalité concentre la plupart des difficultés ; s'il est des preuves diaboliques, celle-ci en est assurément », développe-t-il.

Si je me perds parfois dans la technicité de son exposé, je me réjouis d'être défendu par un funambule du droit civil. François Lafforgue a patiemment égrené des présomptions graves, précises et concordantes. J'espère que cela suffira à ébranler les juges.

À la sortie de la salle d'audience, après plus d'une heure de débats, nous tombons tous d'accord : Monsanto n'a pas grand-chose à nous opposer sauf à nier l'évidence de manière machinale, à contester l'utilisation d'un produit dangereux ou le fait que ma maladie soit liée à l'intoxication. Je me pince pour vérifier que je n'ai pas rêvé. Annie se dit : « Il va gagner. »

Sur les marches du palais, nous prenons le temps de répondre aux questions des journalistes. François comme moi restons très mesurés face aux micros. Ne pas vendre la peau de l'ours…

En se quittant, maître Lafforgue me dit : « On n'aura rien à se reprocher, on a fait le job. » Au fond de moi, je suis soulagé. La quatrième chambre civile du tribunal de grande instance de Lyon fera connaître sa décision le 13 février. J'ai deux mois pour souffler.

Dans l'avion qui nous ramène à Bordeaux, je m'autorise enfin à penser à Frédéric, mon ami viticulteur. Il s'est éteint il y a deux jours dans l'unité de soins palliatifs de l'hôpital d'Angoulême. C'est le deuxième décès après celui de Yannick.

Le mal qui ronge les agriculteurs n'épargne pas notre belle équipe de l'association. Mais, grâce au film *La mort est dans le pré*, Frédéric aura au moins réussi à briser la loi du silence. La caméra d'Éric Guéret l'a accompagné durant les derniers mois de sa vie.

En septembre, mon camarade trouvait encore la force de monter sur son tracteur pour les vendanges. Puis le cancer l'a rattrapé. Une séquence triste à pleurer le montre dans le cabinet de son médecin. Il pèse 60 kilos tout habillé et peine à monter sur la balance. Désormais, sa femme doit le pousser dans un fauteuil roulant.

À mots délicats, mais sans lui cacher la vérité, la médecin explique : « Il y a une reprise de la maladie. Toute la zone grignotée de l'os s'est agrandie. On a une reprise évolutive au niveau osseux. On n'a pas vraiment l'espoir de tout stériliser. » La cancérologue ajoute : « Je vous demande de ne plus monter sur le tracteur. Vous ne pouvez plus travailler. »

Plus que la violence du diagnostic, ces mots signent l'arrêt de mort de Frédéric. Lui qui avait ses vignes « dans le sang » sait que la fin approche. L'agriculteur encaisse le coup du destin. Il avale sa salive, reste silencieux quelques secondes avant de demander à son docteur : « Je voulais vous poser une question. Quelles sont mes chances de survie ? »

Jusqu'au bout, Frédéric se sera battu contre le déni, de la maladie, puis de la mort. Quelque temps plus tôt, il s'interrogeait au sujet des fabricants des pesticides : « Ces sociétés très importantes ont tous les moyens à leur disposition. Ces firmes font peur. Un petit viticulteur de la Charente n'aurait pas l'air malin, à lutter contre les

Bayer, Monsanto et compagnie. Il faut réussir à les faire plier, ces gens-là. Et réussir à prouver que leurs produits peuvent tuer. »

Ses phrases n'ont pas fini de me hanter.

14

Le triomphe du pot de terre

Depuis notre retour de vacances, je suis presque devenu un Parisien à temps complet. Cela attriste Sylvie, qui se retrouve seule à la maison. Cosmin, un ami qui habite la capitale, a la gentillesse de m'héberger… moi et mes copains de lutte. Car, en ce début 2012, son appartement a été annexé par Phyto-Victimes et ses alliés.

Nous souhaitons mener une action choc au moment du Salon de l'agriculture. Mais comme notre carrière associative commence à peine, des copains de Générations futures et du WWF France nous dispensent une formation en accéléré au militantisme ainsi qu'un appui financier. Un graphiste bénévole, Michel Desbois, fait un boulot monstre pour nous épauler. Avec lui, je prépare les banderoles et les kakémonos. Nous souhaitons que le côté amateur de la démarche ne se remarque pas : tout doit être parfaitement soigné. Il me faut également écrire le manifeste qui sera lu en public au milieu des vaches et des cochons. Mais l'avantage de ce travail de fourmi militante, c'est que je ne me focalise pas sur le délibéré.

Le lundi 13 février, je quitte une réunion avec Générations futures pour filer au cabinet de François Lafforgue. Je ne tiens plus. Mon téléphone bourdonne sans arrêt : au bout du fil, les journalistes veulent savoir si j'ai des nouvelles. Je les prie de me rejoindre un peu plus tard chez mon avocat.

François s'est installé autour d'une grande table de réunion, dans le bureau vide de son associé. Cet après-midi, Jean-Paul Teissonnière est à Turin avec Annie Thébaud-Mony, où est attendu le verdict du plus grand procès jamais organisé dans le drame de l'amiante.

Avant que la décision lyonnaise tombe, nous souhaitons de notre côté parer à toutes les éventualités. Notre communication doit être préparée au cordeau. « Vous savez, Paul, on peut perdre complètement et alors il faudra aller en appel. Mais on peut aussi perdre partiellement. S'il y a une victoire, cela ne pourra être qu'une victoire modérée. » Je reste tout de même un peu plus optimiste que mon avocat : la performance de maître Lafforgue à Lyon a nettement surpassé celle du conseil de Monsanto. Ce qui ne m'empêche pas, pour meubler l'attente, de réfléchir à ce que je dirai aux journalistes en cas d'échec.

Soudain, Annie et Jean-Paul Teissonnière appellent depuis l'Italie. Deux ex-dirigeants du groupe suisse Eternit viennent d'être reconnus coupables de crime contre les victimes de l'amiante, ouvriers et habitants de plusieurs localités où la firme avait des usines. Ils sont condamnés à de lourdes peines de prison et à des amendes conséquentes.

Mon amie sociologue est folle de joie : elle espère que ce coup de tonnerre incitera la France à organiser à son tour un procès pénal pour l'amiante et que ce précédent aura un effet dissuasif sur les industriels qui sacrifient notre santé. « Cela ne peut que te porter bonheur, Paul. »

Un quart d'heure plus tard, le portable de mon avocat sonne. François se lève d'un bond pour me taper dans la main. « Paul, on a gagné ! » Je m'isole aussitôt pour prévenir Sylvie, qui, en route pour une réunion importante à la maison de retraite, regrette de ne pas pouvoir être présente ; et puis les filles, l'une à Bordeaux, l'autre à Poitiers ; mes parents, mes proches et tous ceux sans qui cette victoire n'aurait pas été envisageable : Annie, Nadine Lauverjat de Générations futures, les copains de Phyto-Victimes, etc.

Beaucoup n'en reviennent pas, à commencer par ma femme, qui soupire : « Honnêtement, je n'y croyais pas ! » Je ne sais pas combien de fois je répète : « On a gagné ! »

Pas besoin d'avertir la presse. Les journalistes ont repéré un tweet dans lequel François Veillerette, de Générations futures, applaudit des deux mains.

Très vite, la décision nous parvient par e-mail. Je retiens mon souffle à la lecture et François éclaire le jargon juridique qui m'échappe. Le jugement du TGI est très documenté.

La première partie examine les faits. Pour le magistrat, aucun doute : j'ai été intoxiqué par le désherbant. L'expertise de Jean-François Narbonne sert de pierre angulaire à tout le raisonnement. Le juge écrit : « En ce qui concerne monsieur François, son métabolisme hépatique a été ralenti par un stockage des toxiques dans les graisses de l'organisme, avec des relargages tardifs par périodes, ce qui explique que l'intoxication présente un caractère chronique, et non aigu, avec des périodes de crise espacées dans le temps. » Et plus loin : « L'ensemble des éléments constitue donc un faisceau d'indices graves, précis et concordants au sens de l'article 1 353 du Code civil et démontre la réalité d'une intoxication provoquée par l'inhalation de Lasso. »

La deuxième partie, consacrée à l'évaluation de la responsabilité du fabricant, est plus étonnante aux yeux d'un non-juriste comme moi. On peut y lire cette phrase qui révolte le citoyen que je suis : « Mettre un produit phytosanitaire dangereux sur le marché n'est pas en lui-même constitutif d'une faute dès lors que le fournisseur a reçu les autorisations administratives adéquates. » Même son retrait de la vente, au Canada et en Belgique avant la France en 2007, ne présente pas d'intérêt aux yeux des magistrats.

En revanche, le défaut d'information retient l'attention des juges : la présence du solvant n'est pas mentionnée sur l'étiquette collée à l'avant du bidon ; rien n'indique que le monochlorobenzène est le composé principal du produit ; les précautions d'utilisation et le danger potentiel sont passés sous silence.

Le président conclut par ces mots : « Le tribunal dit que la société Monsanto est responsable du préjudice de monsieur François suite à l'inhalation du produit. » Néanmoins, je n'en ai pas encore tout à fait fini avec la justice : une expertise médicale devra évaluer mon préjudice.

Pour célébrer la victoire, une petite fête s'improvise chez mon copain Cosmin, malheureusement sans Sylvie, mais avec ma fille Laura, certains neveux et nièces, Laurent et beaucoup de proches. C'est la première fois que je vois mon avocat si ému. Je ne me permets pas de le tutoyer pour autant, mais je mesure la complicité qui nous lie.

Nous avons le même âge, nous sommes de la même génération. Nous avons tous les deux pratiqué le rugby, bien qu'à des niveaux différents. C'est un sport particulier. On dit que c'est l'école de la vie. Tout le monde peut jouer un rôle : les petits, les gros, les grands, les maigres, les rapides, les lents… Une équipe ne peut gagner sans solidarité ni entraide. Le parallèle est évident avec mon combat.

Le lendemain matin, je continue à décrocher mon portable lorsque des journalistes appellent. Ce jour-là, ma photo se retrouve en grand format dans les pages de

20 minutes et de *Métro*. Mais je me replonge vite dans la préparation de notre petit happening pour le Salon de l'agriculture.

C'est le meilleur moyen de ne pas prendre la grosse tête, quand, les jours suivants, des gens m'arrêtent dans la rue pour me féliciter : « Bravo ! » Je garde le souvenir d'une période euphorique, sans beaucoup d'heures de sommeil, pleine de montées d'adrénaline.

Le samedi soir, je rentre enfin à la maison auprès de Sylvie que je n'ai pas vue depuis dix jours. Là, avec ma femme et mes filles, je retrouve la personne que je suis tout au fond de moi. Ce genre de tourbillon peut faire basculer une identité. Le piège, c'est de se perdre dans une communication répétitive, comme tant de militants professionnels.

Pour moi, la solution réside dans une forme de sincérité. Ne pas changer de vie, continuer à bosser. Nourrir l'action militante par le travail du quotidien et des difficultés rencontrées à la ferme.

« Les malades des pesticides existent. J'en suis la preuve. » Ces deux phrases-chocs sont imprimées au dos des tee-shirts blancs que nous avons revêtus sur nos vêtements d'hiver. Devant, une simple inscription : Phyto-Victimes. Ce lundi 27 février 2012, notre petit commando d'une vingtaine de militants a investi le Salon de l'agriculture, la Mecque annuelle de la profession.

Nous nous rassemblons juste devant le stand de l'Union des producteurs de produits phytosanitaires (UIPP), c'est-à-dire le lobby des grandes firmes agro-chimiques : Monsanto, Bayer, BASF, etc. Un lobby qui avance masqué : les visiteurs avec lesquels je discute durant toute la matinée sont bien en peine de deviner que des industriels ont monté ce joli stand consacré au « végétal » et aux méchants insectes qui menacent les plantes.

En notre nom, la vice-présidente prend la parole devant les caméras venues en nombre : « L'objectif est de montrer qu'il y a plus de victimes que ce que l'on pense, de dénoncer un scandale sanitaire occulté. »

La présence derrière moi des fantassins mutilés de l'agriculture intensive donne du poids au message. Gilbert se tient, bras croisés, à côté d'une affiche où son visage en photo sur fond noir semble nous interroger. « Les pesticides ont fait de moi un vieillard », dénonce un slogan en forme de légende photo.

Tout près, dans son fauteuil roulant, Denis jouxte lui aussi son double de papier. « Les pesticides ont fait de moi un paraplégique », accuse l'affiche sur laquelle apparaît son portrait.

Même si je n'ai guère l'habitude des manifestations, le petit speech que j'ai préparé se déroule sans encombre : « C'est pour les générations futures et aussi pour les malades disparus que nous sommes là aujourd'hui. Cette situation, conséquence de la volonté de produire toujours plus quel qu'en soit le prix, n'est plus acceptable. Il faut que la vérité soit dite et que nous soyons enfin reconnus comme des victimes et qu'on nous aide à ne plus dépendre demain de ces produits dangereux. » Puis nous répondons aux questions de la presse.

Toute la matinée François Veillerette, le président de Générations futures, vient nous prêter main-forte : « Il y a des pesticides qui sont montrés comme étant cancérogènes sur l'animal. Mais on n'a pas de preuve chez l'homme, alors on dit : ils sont possiblement cancérogènes. En fait, on fait des tests grandeur nature chez les agriculteurs et chez tout le monde, dans l'environnement. »

Soudain, une idée émerge : celle d'une virée revendicative dans les allées du Salon, au côté des dockers de la CGT, eux aussi victimes des pesticides qu'ils déchargent des porte-containers.

Aussitôt, un type déboule pour nous interdire de bouger. C'est un flic en civil avec lequel j'essaie de discuter. Notre immobilisme et notre calme contre un rendez-vous au sommet : François Fillon, le Premier ministre, est attendu porte de Versailles, ne pourrait-il pas venir à notre rencontre ? Des contacts sont pris par téléphone. Quelques tweets fusent sur les réseaux sociaux.

À un moment, le directeur du lobby des pesticides, présent ce jour-là sur son stand, s'impose au milieu des pourparlers : « Il faut que vous partiez dans le calme. » Je joue l'imbécile en prétextant que les policiers nous empêchent de lever le camp : « Nous voudrions bien, mais ces messieurs avec leurs oreillettes ne nous laissent pas bouger. »

Miracle, au bout de quelques minutes, la situation se débloque. Le flic en civil me murmure à l'oreille : « Monsieur François, pas de déambulation dans le Salon, vous restez sagement ici, puis vous partez et vous aurez un entretien avec Bruno Le Maire et même peut-être avec François Fillon. » Je découvre à la fois l'utilité du coup de pression face caméra et celui de la négociation en coulisses.

Dans ma nouvelle position, il ne faut plus rien laisser au hasard. Lors d'un débat télévisé, je me retrouve en direct face au porte-voix des fabricants. Il y a quelques semaines encore, j'y serais allé la fleur au fusil, armé de ma seule bonne foi. Mais, ce soir, j'ai préparé mon entrée en scène.

Avec ses moyens financiers sans limites et ses bataillons de conseillers en stratégie, le camp d'en face gère sa communication au millimètre. Plus question d'improviser : je dois en faire autant. Arrivé en avance sur le plateau télé, je glisse deux mots au réalisateur : « On va vous dire que les agriculteurs sont de grands garçons et qu'il faudrait qu'ils pensent à se protéger eux-mêmes. Or, dans les faits, les firmes font passer aux paysans un message tout à fait opposé. »

Je sors de mon sac une publicité parue dans la presse agricole sur laquelle on voit un enfant en train de manger une baguette de pain, penché sur un bidon de désherbant qui porte un nom similaire à celui d'une friandise bien connue. La preuve en image que le danger du produit est dissimulé !

Le débat a commencé. Le porte-parole des fabricants de pesticides sort de son chapeau un argument qu'il croit massue : « Les agriculteurs pourraient mieux se protéger. » À cet instant, la pub mal intentionnée apparaît à l'écran. Je ne me suis pas trompé : les industriels adoptent toujours la même stratégie de défense, c'est-à-dire l'attaque.

Grâce à la preuve de sa duplicité affichée en direct, je n'ai aucun mal à le moucher : « Mais, monsieur, pensez-vous que la diffusion de telles publicités dans nos journaux professionnels peut nous inciter à mieux nous protéger ? » Il tente de riposter : « Le danger est mentionné ! » Ce qui ne me désarçonne pas le moins du monde : « Oui, c'est vrai. Mais en tout petit, comme sur les paquets de cigarettes. »

Voilà que mon adversaire se met à bégayer. Avec mon BEP agricole, je viens de déstabiliser un bac + 10.

Cette exigence de professionnalisme doit s'appliquer au travail de l'association. Cela bouscule quelques habitudes. D'autant que tous les adhérents n'ont pas, comme moi, la chance de remporter des batailles décisives. Je sais bien que quelques voix disent dans mon dos : « C'est toujours le même qu'on fait venir à la télé, c'est toujours le même qu'on veut dans les réunions. Et puis, lui, tout lui réussit. Et pour une victime... il est encore debout, alors que je chancelle. Et puis sa ferme tourne alors que la mienne…»

Ce n'est pas faux : dans mon malheur, j'ai remporté une partie décisive et fait des rencontres qui m'ont porté bien au-delà de mes champs. Ces critiques sont la rançon de la notoriété ; je ne dois pas être le seul à en faire les frais.

Ma nouvelle vie prête aussi à rire : certains interlocuteurs trouvent par magie une date dans leur agenda surchargé pour un rendez-vous avec Phyto-Victimes ; d'autres, qui n'avaient jamais pris la peine de répondre à mes courriers avant le verdict, m'adressent illico des réponses circonstanciées… et souvent antidatées, histoire de masquer le fait que, sans la médiatisation de la décision lyonnaise, le dossier serait resté à dormir sous une pile de requêtes similaires.

Et puis un coup de fil me convainc de ne pas lâcher. Nicolas Hulot m'appelle dès le lendemain de ma victoire pour me féliciter. Un message direct, sincère, sans chichis. Exactement comme lui : « C'est bien, on a besoin de gens comme vous. »

Cela paraît à peine croyable, mais la nouvelle se diffuse à travers la planète : dans mon pays et bien au-delà, je suis « le gars qui a battu Monsanto ». Ma sœur Marie, malheureusement décédée en juin 2016, à 56 ans, sans avoir pu partager la victoire à laquelle elle a tant contribué, avait vu juste : mon combat me dépasse. À la limite, ce n'est plus le mien.

Le mot « héros » est souvent prononcé. En l'entendant, j'éprouve un sentiment d'incompréhension. Pour deux raisons : parce que la lutte est collective et parce que je n'ai rien d'un héros.

Je suis une victime, certes plus tenace que d'autres, mais qui a passé des semaines à l'hôpital et a perdu à tout jamais une certaine tranquillité d'esprit et sa santé de jeune homme. S'il faut vraiment me qualifier, je préfère « lanceur d'alerte ».

Il n'en reste pas moins que ma victoire est déterminante pour Phyto-Victimes : elle lui offre une nouvelle légitimité. Grâce à elle, nous parvenons à mettre le drame des agriculteurs malades sur la place publique. Et à nous inviter dans les palais de la République. Notre rendez-vous avec Bruno Le Maire ne reste pas infructueux.

Le 7 mai 2012, le ministre de l'Agriculture signe un décret dans lequel il reconnaît la maladie de Parkinson comme pathologie professionnelle pour les salariés et les exploitants agricoles ayant été exposés plus de dix ans aux pesticides. Dans d'autres pays, il faut attendre vingt ans…

C'est une grande avancée d'un point de vue symbolique et moral. Les agriculteurs qui culpabilisent à cause de leur maladie se trouvent réhabilités. Et ceux qui sont encore sceptiques, ceux que j'entends répéter : « On ne peut pas faire autrement », prennent peu à peu conscience du danger.

Pour la première fois en effet, le lien de causalité entre cette maladie neurodégénérative et les produits chimiques est reconnu. Concrètement, les soins des malades seront mieux remboursés et ceux-ci se verront octroyer une petite rente en cas d'incapacité à travailler, ce qui leur permettra d'embaucher du personnel pour se faire aider.

Ce n'est qu'un début. La MSA va indemniser plus de victimes, mais notre système de protection sociale est menacé de banqueroute. Il faut que les fabricants mettent à leur tour la main à la poche. Deux autres chantiers sont dans notre longue vue : une révolution dans l'homologation des molécules et la prise de conscience du risque des pesticides pour les riverains et les consommateurs.

Pour tenir, je n'oublie pas que deux de mes amis ne sont plus là pour partager ma joie et que c'est aussi pour eux que le combat doit continuer.

15

Préjudice médical

Il est presque 14 heures, ce 25 mai 2012, et me voici de retour à Paris. Un expert neurologue et un autre, toxicologue, ont été chargés par le tribunal de grande instance de Lyon d'évaluer le préjudice, moral et physique, que j'ai subi. Perte de gains et incidence professionnelles, souffrances endurées, dépenses de santé futures, préjudice sexuel… chaque détail de ma vie promet d'être passé au crible.

Entre-temps, le 6 avril, Monsanto a fait appel de sa condamnation. Mon combat judiciaire se poursuit donc en parallèle. La firme a remplacé son avocat lyonnais par un cabinet parisien qui réclame de nouveaux détails. Il me faut donc recommencer à alimenter un dossier de plus en plus épais.

Sans être surpris par cette contre-attaque, je me sens un peu sonné : la lutte ne va pas se terminer de sitôt.

D'autant que la procédure d'expertise est loin d'être un jeu d'enfant.

Première surprise : il me faut débourser 1 000 euros pour que mon dossier soit étudié par l'expert. Si celui-ci accepte la mission, cela peut coûter jusqu'à 5 000 euros. Quel paradoxe : je suis une victime pour la justice, mais je dois avancer une somme pareille !

Ce vendredi, je retrouve François Lafforgue dans un café, juste à côté de la Fondation Rothschild, où doit se dérouler l'expertise. Il me prévient : je devrai répondre à toutes les questions et certainement préciser des choses que je n'ai jamais dites.

Une fois sur place, il faut s'armer de patience. Les avocats de Monsanto sont en retard. Cinq minutes, dix, quinze… Finalement, le duo fait son entrée au bout de trois quarts d'heure sans prendre la peine d'inventer une excuse. Nous voilà tous assis autour d'une grande table de réunion.

Le neurologue et le toxicologue sont installés tout au bout. Le nouvel avocat de la firme et sa collaboratrice nous font face. Pour ma part, je ne semble guère les intéresser : ils préfèrent s'adresser à maître Lafforgue.

Jamais ils ne m'appellent « monsieur François ». Pour eux, je suis un simple pronom, un objet gênant, en aucun cas une personne : « Il prétend que », « il dit que », « il avance que ». J'ai la désagréable impression que l'on refait le match, mon procès plutôt que le leur.

Cela n'échappe pas aux experts, qui s'agacent soudain : « Mais, attendez, on ne va pas refaire le procès. Nous sommes là pour évaluer le préjudice. » L'avocat de l'industriel ne lâche rien. Il profite d'une phrase un peu floue dans le jugement du TGI pour contraindre les scientifiques à se pencher sur la réalité de l'intoxication : « Vous ne pouvez pas expertiser quelque chose qui n'a pas existé. Tout ça n'est que fabulation. »

Son ton frise l'arrogance lorsqu'il remet en cause la légitimité des savants : « Messieurs les experts, sans vouloir minimiser, il faudrait un expert néphrologue. Parce que monsieur François prétend avoir été impacté au niveau des reins. Il faudrait vraiment un avis néphrologique et un autre psychiatrique. » Il est 16 h 40 lorsque cette pénible séance d'inquisition s'achève. Je suis vidé et très inquiet pour la suite.

À raison : la firme fait tout pour gagner du temps et m'en faire perdre. L'idée d'un examen des reins est acceptée. Je n'ai pas mon mot à dire, seulement 1 200 euros supplémentaires à débourser pour rémunérer le spécialiste qui va se pencher sur mon cas et conclure : « Circulez, il n'y a rien à voir. »

La bagarre autour de la désignation d'un expert psychiatre va, elle, bloquer le processus durant des mois. Comme les experts parisiens n'en voient pas l'intérêt et que je refuse de m'y plier, de peur de perdre de précieux mois et mon argent, les avocats de Monsanto saisissent le tribunal à Lyon.

« L'un des préjudices qui s'avère devoir être examiné implique de poser un diagnostic psychiatrique, ce qui excède la compétence des deux experts », assènent-ils dans un courrier. Mais le juge refuse d'obtempérer. « Si les deux experts ont décidé qu'il n'en avait pas besoin, et puisque leur décision est très bien argumentée, on ne désigne pas d'expert psychiatre », rétorque-t-il en substance.

Qu'à cela ne tienne, Monsanto fait appel. Maître Lafforgue se rend donc à Lyon pour expliquer une nouvelle fois que la question de mon état psychologique a déjà été tranchée. La cour d'appel entend ses arguments, mais pas les avocats de la partie adverse, qui sortent un nouveau tour de leur sac : un pourvoi devant la Cour de cassation. Si cet artifice est neuf, le but sous-jacent, lui, ne l'est pas : on veut me faire passer pour fou.

Maître Darcq me confie qu'une telle démarche est rarissime. D'ordinaire, la plus haute juridiction est chargée de trancher les cas problématiques en droit. Là, les conseils de Monsanto tirent un nouveau fil dans la procédure. Elle m'avertit aussi qu'il va me falloir prendre un nouvel avocat parmi la centaine dans toute la France habilités à exercer leurs fonctions, après avoir prêté serment et reçu un agrément officiel, devant la Cour de cassation. Voilà que s'ouvre un nouveau front judiciaire (et aussi financier) : une deuxième affaire dans l'affaire.

Dix mois après mon premier rendez-vous, le 29 mars 2013, je suis convoqué pour une nouvelle réunion avec les experts. Comme Monsanto cherche sans arrêt des poux dans le dossier, à coups de rapports de sommités grassement payées, j'ai demandé à des alliés de choc de m'accompagner : outre mes deux avocats, André Picot et Gérard Barrat, le médecin du travail que m'a présenté Annie Thébaud-Mony, ont fait le déplacement.

Décidément atteints d'un retard pathologique, les trois avocats de la firme, auxquels doit s'ajouter un consultant, nous font patienter. Durant quarante-cinq minutes, nous nous demandons s'ils vont arriver. Même les deux experts s'agacent. « Oui, oui, ils sont en route », rassure le secrétariat de leur cabinet. Au cas où nous ne l'aurions pas compris : ce sont eux, les maîtres du temps.

Mais pas forcément les maîtres de cérémonie. Après m'avoir posé de nombreuses questions, les deux experts cèdent la parole à André Picot. « Je sais que vous n'êtes pas chimistes, mais je vais néanmoins tenter de vous expliquer des choses très simples… » À peine notre toxicologue de choc a-t-il entamé son exposé que le conseil de mon adversaire l'interrompt en se levant d'un bond : « Mais dites-donc ! Nous ne sommes pas du tout des chimistes, nous ne sommes pas venus suivre un cours de chimie ! »

André ne se laisse pas démonter : « Excusez-moi, monsieur, cependant ce que je vais raconter là, je l'ai expliqué récemment à des employés d'une grande firme cosmétique. L'entreprise m'avait demandé de les former au risque, cela s'est très bien passé. » Blême, l'avocat de Monsanto se rassoit et laisse André Picot dérouler son raisonnement.

Le toxicologue présente aux experts une hypothèse que j'ai maintes fois entendue : « La cuve du pulvérisateur est devenue un système clos qui travaille en surpression. Quand vous ouvrez ce genre de choses, il faut faire très attention parce que tout s'en va d'un coup. Paul François, lorsqu'il a ouvert sa cuve, s'est retrouvé exactement dans la situation des chimistes qui font des réactions sous pression sans faire attention et qui respirent le tout. Il a subi une intoxication subaiguë. Dans mon jargon, on ne dit pas aiguë, car cela signifie qu'on en meurt. Paul François n'est pas mort, mais il a été intoxiqué très gravement. »

André Picot met ensuite en cause le solvant : « Paul a respiré un produit chaud, à l'état de vapeur et qui contenait essentiellement du chlorobenzène, qui est une molécule toxique. Ce type de produits peut causer des atteintes du système nerveux central et donc les troubles qui l'ont conduit plusieurs fois à l'hôpital. L'irritation, le fait qu'il se sentait moins en forme que par le passé, tout cela est dû aux solvants chlorés. Après un accident avec du chlorobenzène chez Rhône-Poulenc, une entreprise qui était très à cheval sur la sécurité, ce produit avait été remplacé par un autre, non chloré et beaucoup moins dangereux. »

Gérard Barrat, médecin du travail mais aussi diplômé en toxicologie et en chimie, prend la suite. « Paul, racontez-moi ce que vous avez fait les jours qui ont précédé l'accident ? » C'est étrange, personne ne m'a jamais posé cette question.

Je prends le temps de détailler mon emploi du temps, le même qu'à chaque printemps. Tout à coup, un détail me revient : la veille de mon accident, l'épandeur était tombé en panne et j'avais démonté la pompe à mains nues. Comme cela arrivait parfois, une bonne quantité de produit avait giclé sur mes habits et donc sur ma peau, mais j'avais terminé la réparation avant de rentrer me laver à la maison. Ce n'est qu'en mettant mes vêtements souillés à la machine que j'ai réalisé à quel point le mélange sentait fort.

Pour Gérard Barrat, les jours qui ont précédé le 27 avril 2004 sont cruciaux. « Vous avez vraisemblablement fait une double intoxication, avance-t-il. Non seulement vous avez eu une intoxication aiguë ce jour-là, mais depuis quelques jours vous faisiez une intoxication chronique. Votre organisme était à saturation. »

À ces mots, André Picot se redresse sur sa chaise. Son visage s'illumine tellement que je me demande s'il ne va pas dire : « Bon sang, mais c'est bien sûr.» Il se contente d'un : « C'est très plausible. Mais comment ai-je pu ne pas le voir ? Pourquoi me suis-je toujours fixé sur le jour J ? »

Les représentants de la firme sont, eux, très loin de crier Euréka ! Mes amis scientifiques en prennent pour leur grade. « Tout ça, ce ne sont que des hypothèses ! » balaie le consultant de Monsanto. Je me fais malmener moi aussi.

« Et maintenant, il change de récit ! Paul François n'arrête pas de se contredire. Regardez dans la procédure : on parle de dix jours de traitement du maïs avant l'accident. Alors que, dans tel article de journal, il dit qu'il a commencé à traiter à une autre date. »

Je me retiens de leur balancer à la figure que, depuis que leur fichu produit s'est insinué dans mes poumons, ma mémoire flanche. Je m'en tiens aux faits, mais tout de même, quelle violence ! Pourquoi ne pas l'avouer ? Les larmes me montent aux yeux.

Et je comprendrai lors de l'audience en appel qu'il ne s'agissait que d'un entraînement avant un combat à mort. Ce jour-là, à la fondation, l'avocat rode sa future plaidoirie lyonnaise.

Qu'est-ce que la vérité ? Une notion qui fluctue au gré des circonstances. Il a suffi d'une seule question – « Que faisiez-vous les jours précédents ? » – pour que le point de départ de ma tragédie change. C'est étrange tout de même : aucun des médecins qui m'ont soigné, aucun de ceux qui m'ont examiné comme experts, n'a pensé à me la poser. En revanche, presque tous se sont demandé si j'étais dépressif, surmené, avant mon accident.

Gérard Barrat vient d'éclairer une des zones d'ombre de l'énigme qui me hante depuis neuf ans. Mais que leur faut-il encore ? Tout me semble évident. Est-ce parce qu'ils le sentent aussi que les avocats de Monsanto deviennent de plus en plus désagréables ? « Vous voyez bien qu'il change sa version des faits ! »

Non, j'envisage désormais les faits dans leur ensemble. Sans cette intoxication chronique, peut-être que mon accident n'aurait pas eu les mêmes conséquences. C'est un concours de circonstances : la cuve n'était pas vide et mon organisme non plus. J'ai fait une overdose.

Aucun des savants qui m'entourent ne prononce ce mot. Moi non plus d'ailleurs, mais je le garde en tête et cela m'aide. Me voilà plus près de la vérité que jamais.

De cette proximité découlent des regrets : si j'avais été pris en charge correctement à l'hôpital, les suites n'auraient peut-être pas été les mêmes. Et si les premiers experts missionnés par la MSA avaient bien fait leur travail, ces éléments décisifs auraient refait surface bien plus tôt.

Le neurologue veut maintenant m'examiner. Comme il n'est pas question que je me mette en slip sous les yeux de tout ce monde, je dois passer dans une salle attenante. « Voulez-vous vous faire accompagner par un médecin ? » demande le spécialiste. J'accepte volontiers.

Même silencieuse, la présence de Gérard Barrat me sera d'un grand secours moral durant la consultation. Mais, dans le camp adverse, la colère éclate. Malgré son CV à rallonge, le consultant payé par Monsanto n'a pas de doctorat en médecine. Il restera donc à la porte. « S'il n'y a pas de médecin parmi vous, ce n'est pas possible.

Seuls les médecins peuvent assister à la consultation », précise le neurologue.

L'avocat de la firme se déchaîne contre ce qu'il estime être une différence de traitement inacceptable. « Mais nous n'en n'avions pas été informés ! C'est un simulacre de justice. Vous ne pouvez pas nous traiter de la sorte. Si tel est le cas, nous interrompons immédiatement cette réunion. » Face à cette colère théâtrale, l'expert reste d'un calme olympien : « Vous n'allez pas nous apprendre notre métier. Arrêtez de nous faire perdre notre temps ! Nous allons l'examiner. »

Une fois dans le couloir, le médecin se tourne vers moi. Il ne lui a pas échappé que j'ai les nerfs en pelote. « Calmez-vous, monsieur François, ordonne-t-il. Oui, ce n'est pas agréable. On va faire des tests, je vais vous poser des questions. » Sans se départir de sa neutralité, l'expert trouve les mots pour me rassurer. Puis il procède à l'examen, tranquillement. Je pèse 79 kilos pour 1,76 mètre, de ce côté-là, pas de changement. Il teste la tonicité de mes bras, les réflexes sous mes pieds.

À un moment, il revient sur l'incident : « Ne vous inquiétez pas, on ne tombe pas dans le panneau. Nous faisons ça de façon très sérieuse. »

Mon calvaire s'achève enfin. En sortant de la réunion, les avocats de Monsanto lâchent : « Nous n'avons pas pu assister à l'examen. C'est inacceptable. Nous n'en resterons pas là. » Plus tard, ils essaieront en vain d'exploiter cet incident pour démontrer que le principe du contradictoire a été violé. Ils font feu de tout bois.

Moi, je suis à bout. C'est la première fois depuis le début de cette aventure judiciaire que je touche ainsi le fond. Avant de monter dans un taxi pour la gare Montparnasse, je préviens François Lafforgue : « Je sais bien que Monsanto veut que je repasse sur le gril parce qu'ils n'avaient pas de médecins à leur côté aujourd'hui, sans parler de l'expertise psychiatrique, mais je n'aurai jamais le courage de revivre un moment pareil. »

En juillet 2013, la lecture de la version définitive du rapport des experts, un document de 103 pages, finit de me plonger dans le désespoir. Rien à dire concernant la première partie : la chronologie de mon accident et de mes différentes hospitalisations est honnête. En revanche, je manque de m'évanouir en parcourant les conclusions du toxicologue.

L'expert n'adhère pas à la construction intellectuelle validée par quatre grands esprits : Henri Pézerat, André Picot, Jean-François Narbonne et Gérard Barrat. « Compte tenu de l'élimination rapide des métabolites du monochlorobenzène, il ne peut être envisagé que ces métabolites soient encore présents, *in corpore*, près d'un an après l'accident », expose le toxicologue missionné par la justice.

Pour lui, la piste d'un stockage des produits toxiques dans les graisses, suivi de plusieurs relargages, relève donc de la spéculation. Ce ne seraient que « des hypothèses ni appuyées ni justifiées par des déclarations scientifiques ». S'il ne nie pas la gravité de mon intoxication, les épisodes comateux que j'ai traversés par la suite n'ont à ses yeux aucun lien avec elle.

Habitué à lire entre les lignes, François Lafforgue est moins sonné que moi. Mon intoxication est reconnue. Et d'autres aspects qui n'ont pas retenu mon attention pourraient intéresser les magistrats de la cour d'appel.

D'abord, le toxicologue admet que tous les composés du Lasso ont une toxicité aiguë et chronique. Ensuite, il ouvre la porte au doute : « Nous sommes dans l'impossibilité de déterminer l'impact toxicologique humain du produit Lasso en tant que tel. En effet, la littérature scientifique ne nous donne pas d'éléments » ; « les suites apparues en fin d'année 2004 et en 2005 ne peuvent être étayées scientifiquement dans l'état actuel de nos connaissances ».

Enfin, il mentionne dans sa synthèse une des pistes les plus iconoclastes imaginées par André Picot : la mystérieuse présence dans le bidon de chlorométhylester de l'acide acétique. « Cet acide est hautement toxique. En cas d'intoxication aiguë, les symptômes rappellent ceux observés initialement lors de l'accident de Paul François. » Juste après, il précise qu'une de ses fiches toxicologiques « signale qu'[il] peut entraîner des effets nerveux retardés (anxiété, convulsions) ».

L'expert ne va pas jusqu'à la reprendre à son compte, mais tout de même. Le simple fait de la mentionner longuement dans ses conclusions lui donne un certain crédit. Ce serait une pierre dans le jardin de mon adversaire.

Sans surprise, le neurologue adopte la même ligne que son confrère. « Les manifestations neurologiques (malaise et perte de connaissance) sont des manifestations anxieuses probablement favorisées par la peur engendrée lors de l'intoxication », estime-t-il. Quant aux anomalies retrouvées sur certains de mes examens cérébraux, elles sont « ininterprétables ». Ou comment faire du neuf avec du vieux !

Pour expliquer les épisodes comateux de l'hiver 2004-2005, le ponte sort de sa manche la bonne vieille hypothèse psychologique. Tel un soldat de retour du front, je serais victime d'un état de stress post-traumatique !

L'évaluation du préjudice vient ensuite. Je ne pige pas tout à ce jargon qui mêle les concepts fumeux aux chiffres, mais je perçois l'essentiel : l'origine du mal est niée, mais pas ses conséquences sur ma santé. Une « incapacité totale » est reconnue durant mes multiples séjours à l'hôpital et le reste du temps, jusqu'à mon rétablissement au 1er juillet 2005, et mes « manifestations anxieuses » sont tenues pour responsables d'une « incapacité temporaire » de 20 %. Les experts admettent également que l'accident m'a affaibli et évaluent les séquelles (migraines, fatigue, troubles anxieux) à « un déficit fonctionnel permanent » de 8 %.

Une fraction me fait bondir : la souffrance que j'ai endurée est estimée à 3 sur une échelle de 7. Dommage qu'aucun de mes proches n'ait pensé à me filmer en pleine crise, quand mon cœur battait à tout rompre et que beaucoup se demandaient si j'allais rouvrir les yeux après le malaise. Dans une grande cohérence, les experts notent que je dois continuer à être suivi psychologiquement durant deux ans. Concernant mes activités agricoles, ils copient-collent la décision prise en 2010 par mon assurance : un taux d'incapacité de 30 % est associé à ma maladie professionnelle.

Je commence à craquer. Le dernier rendez-vous avec les experts me poursuit même la nuit. Depuis quelque temps, les incessants courriers de Monsanto arrivent directement à la maison. On frappe. C'est l'huissier de Ruffec. À chaque fois, je manque de défaillir. Au début, je n'en parle pas à François Lafforgue. Je ne m'avise pas que ce harcèlement est destiné à me pousser à bout, à me précipiter pour de bon au fond de la dépression. Au contraire, je me dis que tout cela est peut-être normal. Puis je me mets à voir tout en noir. Je n'ai plus d'énergie au boulot. Le peu qu'il me reste, je le consacre à l'association.

La procédure n'en finit pas. Je me perds dans un combat sans fin et sans issue face à une multinationale aux moyens disproportionnés par rapport aux miens.

Un jour, à l'automne 2013, j'appelle au cabinet de maître Lafforgue. « François, j'ai besoin de vous parler, à Capucine et à vous. » Une conférence téléphonique s'organise très vite. La voix étranglée par l'émotion, je lance : « Je pense que je vais arrêter la procédure. Je n'en peux plus. Je ne dors plus. Je suis en train de me ruiner financièrement, je n'ai pas les moyens de payer les experts. Ça bouffe ma vie de couple, ma vie professionnelle. On me met sur un piédestal, mais je ne suis pas un héros. En plus, on va perdre. Mieux vaut arrêter tout de suite. Qu'on me foute la paix ! Qu'avais-je besoin de me lancer dans un truc pareil ? Il aurait mieux valu crever dans mon coin. »

À Paris, Capucine Darcq, avec la spontanéité de la jeunesse, est la première à réagir : « Ah non ! Paul, ne faites pas ça. » Je ne lui en veux pas, elle est entière. François prend ensuite la parole : « Paul, je ne peux pas vous obliger à continuer. C'est votre décision, je tiens à la respecter. Mais il faut d'abord prendre le temps de la réflexion. »

Mon avocat souhaite comprendre pourquoi je suis dans un état pareil et je lui avoue que le harcèlement postal de Monsanto n'y est sans doute pas pour rien. Avant de raccrocher, il me fait une proposition : « On va demander la clôture du dossier maintenant. »

Je finis par avouer à Sylvie l'inquiétude qui me ronge. Ce n'est pas facile parce que ma femme a tout fait pour que la procédure ne ternisse pas toute notre vie familiale et amicale. Dans les repas, elle bataille dur afin qu'on puisse parler d'autres choses, quitte à dire à nos proches :

« Posez toutes les questions que vous voulez, ensuite, on fait un break. »

Bien sûr, il ne lui a pas échappé que la dernière expertise a été douloureuse, que j'ai très mal accepté de voir mon intimité exposée de la sorte. Lorsque je m'écroule devant elle, ma femme me pousse à ne pas lâcher. À cette époque, les filles sont d'un grand secours. Sans leur dévoiler tous les détails du dossier, nous pouvons désormais partager l'essentiel avec elles : elles ont grandi, s'impliquent de plus en plus. Je me sens soutenu.

Je peux aussi compter sur le réconfort de mes complices de l'association. En théorie, malgré la proximité du siège avec mon bureau et ma maison, je compartimente mes différentes activités. Mais forcément, comme je suis moins hyperactif, que je fais moins de blagues, que je deviens taciturne, parfois même agacé, Ophélie, notre directrice, devine que je ne suis pas dans mon assiette. Lors d'un déplacement, je lui confie que je traverse une période compliquée. Elle m'écoute sans être intrusive. Un autre jour, bien sombre, je m'épanche alors qu'elle travaille seule. « Je perds la mémoire, je reçois sans cesse des courriers de Monsanto qui me déstabilisent. » Un président d'association en larmes devant la directrice ! Bel exemple !

Durant toutes ces difficiles semaines, Sylvie me porte à bout de bras. Avec le recul, il lui semble aussi que, sans l'association, je n'aurais jamais traversé cette crise existentielle et morale. Mes activités militantes me sortent la tête de l'eau.

Si je n'avais que la ferme, je sombrerais probablement pour de bon. Ma femme me pousse à regarder le verre à moitié plein : « Il y a quand même eu des avancées. » Et répète : « On ne peut pas avoir fait tout ça pour rien. »

16

Conversion

Il est midi, ce samedi 29 novembre 2014, dans la salle des fêtes bondée de Salles-de-Villefagnan, non loin de Ruffec. Nicolas Hulot, costume anthracite et chemise bleu lavande mais sans cravate, me regarde droit dans les yeux et dit au micro : « Paul François, au nom du président de la République, en vertu des pouvoirs qui nous ont été conférés, nous vous faisons chevalier de la Légion d'honneur. » Puis l'envoyé spécial pour la protection de la planète de François Hollande, qui a eu la gentillesse de faire escale en Charente, me claque deux bises.

En face de nous, près de deux cents personnes applaudissent à tout rompre. Il y a là Sylvie et les filles, mes parents, ma famille et mes amis proches, mon associé Roland, mes deux avocats, de nombreux élus locaux, mes camarades de Générations futures et bien sûr tous les piliers de Phyto-Victimes. À travers moi, c'est eux que la République souhaite honorer.

Quel métier ! Est-ce son expérience de journaliste télé ou son incursion en politique au moment de la primaire écologiste en 2011 ? Nicolas Hulot prononce son discours de dix minutes sans notes. Il est vif, sincère et juste. En y repensant, je frissonne encore.

Il raconte notre bataille comme une épopée. « À travers cette médaille, on récompense le parcours, le combat, la souffrance, la volonté, la détermination d'un homme. Derrière cette reconnaissance, légitime et justifiée, ce qui n'est pas toujours le cas, c'est aussi la reconnaissance de toutes ces petites ou grandes souffrances, de tragédies silencieuses, solitaires, qu'il a fallu tant de temps pour reconnaître. »

Il célèbre une certaine forme d'altruisme dans notre « engagement pour le respect de la vie, le respect du futur, la plus belle des causes, une cause qui élargit la notion de solidarité non seulement dans l'espace, mais dans le temps ».

Surtout, il se projette vers l'avenir avec des accents visionnaires, appelant à la fin de la toute-puissance des firmes. « Pouvons-nous ne pas tirer de leçons de ces souffrances ? Vous nous avez montré la voie. Je serai au premier rang pour faire en sorte que cette médaille soit le début d'une traduction en actes. Je pense que cette médaille est un signe d'espoir, qui fera en sorte que nous basculerons dans ce siècle de l'hygiène chimique, un siècle où on réconcilie l'homme, la nature, les paysans, où on se réunit sur ce qui nous rassemble : la protection d'un écosystème commun. »

Ses paroles sont renversantes. Nous les paysans pollueurs, les repentis de la chimie, avons un message à adresser à toute la société ! « La modernité, conclut-il, ce n'est pas celle qui externalise les conséquences de son inconséquence. Ce n'est pas une société qui sacrifie l'avenir au présent. »

Difficile de prendre la parole après un tel hommage. Gorge nouée, je dresse à mon tour une feuille de route : « Cette médaille me servira d'étendard pour amener les pouvoirs publics à reconnaître que plusieurs générations d'agriculteurs ont été, et sont toujours, impactées par la chimie intensive. Produire plus et moins cher nous a menés à tout ce désastre. » Je retiens mon souffle.

Il est temps de reparler un peu de moi. Comme Nicolas Hulot, je ne suis pas né écologiste et je ne suis pas certain de l'être tout à fait devenu. Mais je ne crois pas manquer de courage. Ça y est. Après des années de réflexion, je suis moi aussi prêt à balayer devant la porte de ma ferme.

Longtemps, comme nombre de producteurs de ma génération formatés par le système, j'ai répété qu'une conversion était impossible.

Mon intoxication aiguë ? C'était un accident qui aurait pu être évité si Monsanto avait pris la peine de bien expliciter les risques pour la santé et les précautions à prendre. Je haussais les épaules quand mes nouveaux amis, ceux qui m'épaulent dans mon combat contre le fabricant, me demandaient pourquoi je ne passais pas au bio.

Je devinais très bien le fond de leur pensée : comment mener une lutte anti-pesticides tout en continuant à en gorger ses propres champs ?

Eux ne voyaient pas la double culpabilité qui me rongeait. Depuis que les médecins m'avaient interdit de traiter mes parcelles, j'avais confié cette charge à Cyril, mon jeune salarié, qui avait commencé comme apprenti à la ferme.

Donc, ce qui était dangereux pour moi ne le menaçait pas ? Le dilemme me filait des insomnies.

« Pourquoi ne passez-vous pas au bio ? » « Pourquoi utilisez-vous encore des pesticides ? » À partir de ma victoire à Angoulême, la presse s'intéresse à mon histoire. Grâce à cette médiatisation et à mon engagement associatif, je suis invité dans de nombreux débats publics.

À chaque fois, les questions fusent et je me trouve bien embêté de répondre : « J'en utilise moins qu'avant. Aujourd'hui, je ne fais pas n'importe quoi. De toute façon, on ne peut pas faire autrement, il y a besoin de cette chimie. »

Le choc du décès de Yannick, mon copain viticulteur atteint d'une leucémie, a lui aussi creusé mes doutes. Il n'avait que 43 ans. C'était la première victime des pesticides que j'accompagnais vers la mort.

Je ne peux oublier que, malade, il a dû faire face au rejet du monde agricole conventionnel, notamment parce qu'il avait dit ce qu'il pensait des funestes « phytos ». Il avait brisé l'omerta.

Rien de tel que les enfants pour vous mettre face à vos contradictions. « Mais papa ! Tu te bats contre Monsanto et puis tu continues la chimie... », clament mes filles en chœur. À chaque repas de famille, elles remettent le sujet sur la table. Chacune à sa manière : Laura avec un certain tact, Amandine plus franchement.

Au début, j'arrive à les convaincre du bien-fondé de mon raisonnement. Je réponds que je ne peux pas faire autrement pour le moment, mais que leurs questions sont légitimes et que je m'en occuperai plus tard, dans un second temps, une fois achevé mon combat judiciaire. Néanmoins, bientôt, mes arguments se révèlent insuffisants.

Un soir, dans la voiture, les filles me poussent dans mes retranchements. Nous rentrons tous les quatre en Charente après avoir assisté à une avant-première du film *Severn* à Paris. « Mais, papa, tu te rends compte, ta situation est intenable, surtout vis-à-vis de ton travail au niveau de l'association. »

Sylvie, qui au début défendait ma position, commence à prendre leur parti. Durant tout le voyage, mes procureures préférées se déchaînent. Ce ne sont pas seulement des jeunes femmes de leur temps, décidées à ne pas laisser saccager leur environnement. Elles ont aussi souffert, souvent en silence, de tout ce qui m'est arrivé et cette épreuve les a transformées.

Quand elles étaient petites, leur père pétait la forme et puis, un jour, il s'est mis à vivre avec une épée de Damoclès au-dessus de la tête. Au-delà de la formule toute faite que je dégaine souvent face aux journalistes, ces mots les renvoient à une situation très concrète : mes fréquentes migraines, les journées que je passe au lit, toute cette souffrance, toutes ces séquelles dont je parle peu mais qui voilent de gris leur quotidien.

« Papa, les jours où tu es en train de crier de douleur et qu'il faut te faire des piqûres pour soulager tes maux de tête, c'est insoutenable pour nous. Tu promets que ça ira mieux, mais on sait bien que tu ne seras jamais vraiment guéri. Tu dis toi-même que le combat contre Monsanto est loin d'être fini. Alors ? Tu le feras quand ? Qu'est-ce que tu attends pour passer au bio ? »

Pas facile de s'endormir ensuite. Je suis complètement remué. Dans la famille que nous avons fondée avec Sylvie, comme autrefois chez mes parents, la parole est libre. C'est précieux, mais pas de tout repos. Ma femme a toujours respecté mes choix professionnels. Et moi, de même.

Sans chercher à faire pression sur moi, Sylvie me parle souvent de François et Céline, un couple de jeunes agriculteurs qui habite à dix kilomètres de Bernac. Nous avons sympathisé avec eux sur le tournage de *Severn* et depuis nous nous revoyons de temps à autre. Alors que le père de François, un pionnier du bio dans les années 1960, avait du mal à vivre de son métier, eux s'en sortent bien.

Ils produisent des céréales et font de l'accueil à la ferme pour compléter leurs revenus. « Tu as vu comme ils ont l'air heureux », remarque Sylvie.

Qu'est-ce que j'attends pour passer au bio ? Je tergiverse, mais, durant cet entre-deux, je ne reste pas les bras ballants. Ainsi, je poursuis la voie tracée par Roland, celle de la rotation des cultures afin de limiter les apports en fertilisants.

Je sème de l'orge ou du blé tendre, mais aussi des légumineuses (pois fourragers, soja) en alternance avec le maïs ou le blé, ce qui permet aux sols de se régénérer et de trouver une source d'azote bien moins onéreuse que les engrais de synthèse. Cette rupture a le mérite de bloquer le cycle des maladies. En parallèle, je noue des accords avec des éleveurs avec qui j'échange de la paille contre du fumier. Dire que le prétendu progrès m'a fait perdre de vue durant deux décennies à quel point ce matériau ancestral est efficace pour fertiliser les champs !

Pruniers, cerisiers sauvages, noisetiers, hêtres… Durant l'hiver, moi qui naguère enviais mes collègues de la Beauce, je plante plusieurs kilomètres de haies autour de mes parcelles pour limiter l'érosion. Quel non-sens, ces grandes plaines sans plus rien pour briser le vent !

À mesure qu'ils poussent, les arbres sont colonisés par les insectes. Notamment par les coccinelles, ces dévoreuses de pucerons qui m'évitent de forcer sur les insecticides. Dans ma vraie vie comme dans les documentaires écolos, je découvre ce que la biodiversité peut apporter à mon travail. Je ne suis plus un agri-manager comme à mes débuts dans les années 1980 : l'agronomie est désormais au cœur de ma pratique.

À tout prendre, je me définirais plutôt comme paysan. Un mot dont je n'ai jamais autant goûté la noblesse.

La vraie rupture s'est produite en 2013. L'année précédente, j'ai gagné la première manche de mon combat contre Monsanto, et ceux qui me pressent de me convertir au bio sont toujours plus nombreux. Mais 2012, tous les agriculteurs s'en souviennent, a été un excellent cru. Les rendements battent des records, les cours flambent à cause de la sécheresse en Ukraine et aucun céréalier à qui on paie 250 euros la tonne de blé ne peut sérieusement envisager un changement de cap.

Ma comptable n'en revenait pas : je n'avais jamais dégagé un tel bénéfice. À l'époque, tous les spécialistes agricoles promettent avec des étoiles plein les yeux que la tonne atteindra bientôt les 300 euros et que 250 euros est le nouveau prix plancher. Contrairement à ceux qui empruntent pour investir dans du matériel neuf, je n'en crois pas un mot.

Que de temps il m'a fallu pour ôter mes œillères ! En 2013, je fais successivement plusieurs rencontres marquantes. D'abord, celle de Jean-Philippe, le frère d'un copain, installé en bio depuis une quinzaine d'années.

Ce type un peu plus âgé que moi, visiblement bien dans sa peau, élève des poulets et cultive 70 hectares de céréales. Lui n'est pas un de ces radicaux toujours prêts à donner des leçons. De toute façon, avec moi, ça ne fonctionne pas : depuis l'école et le catéchisme, je déteste les dogmes.

Jean-Philippe me dit que ses affaires marchent bien, il parle chiffres et rendements, mais je n'ai pas besoin qu'il me dévoile ses secrets. « Tu sais, me raconte-t-il, j'ai été pris en exemple. Une télé a voulu faire un reportage chez moi. Les journalistes m'ont demandé si j'habitais bien là. Ils ont renoncé parce que je ne faisais pas assez pauvre ! »

Son profil me correspond plus que celui des pionniers du bio, des militants prêts à mener une vie simple en accord avec leurs idées. Comme moi, Jean-Philippe rêve d'un avenir prospère pour ses deux filles et il aime s'échapper sur la côte atlantique.

À la visite suivante, nous entrons dans le détail. Chiffres à l'appui, Jean-Philippe me convainc que, grâce aux économies sur les pesticides, ses coûts de production sont moins élevés. Surtout, il vend les céréales bio bien plus cher. L'argument fait mouche en cette année 2013 où les cours dégringolent.

Je sens chez lui une sérénité qui m'intéresse. Il martèle que l'aventure est passionnante et que je vais apprendre au passage un autre métier. Pour les maladies, les attaques de ravageurs, il existe des solutions dont je n'ai même pas idée. Au lieu d'essayer de m'évangéliser, il me chambre : « Bon alors ? Avec tout ce que tu as ingurgité le jour de ton accident, tu n'en as pas assez bouffé, de pesticides ? »

Quelque temps plus tard, je tombe sur un autre agriculteur dont l'énergie me bluffe. Avec Roland, mon associé, nous avons repéré une petite annonce pour un semoir d'occasion dans la Drôme. Quand il s'agit d'achat de matériel, nous n'avons jamais eu peur de traverser la France, et puis ce genre de balades permet toujours d'apprendre quelque chose.

Le producteur de céréales avec qui nous avons rendez-vous possède certaines machines en double, voire en triple exemplaire, et ses bâtiments sont remplis d'engins bizarroïdes que je n'ai jamais vus de ma vie. Il se marre devant ma mine ébahie : il exploite ses 240 hectares en bio, et notamment du soja qu'il écoule à un très bon prix. Pour désherber de façon mécanique de telles surfaces, il faut beaucoup de bineuses !

Sur ces mots, alors que nous venons de toper pour son semoir, une bonne affaire car il n'est même pas usé, le paysan nous plante là pour aller chasser les herbes folles. « Quand tu es en bio, me glisse-t-il, il faut réagir très très vite ! Je fonce ! »

Toujours dans la Drôme, quelques mois plus tard, je suis pour la première fois invité chez Maria Pelletier. La présidente de Générations futures, par ailleurs dirigeante d'une minoterie qui fabrique de la farine biologique, va être élevée au grade de chevalier de la Légion d'honneur. Elle a souhaité que Sylvie et moi soyons présents.

Il y a là la vingtaine de salariés du moulin, le mari de Maria qui codirige l'entreprise familiale et aussi les agriculteurs bio du coin qui lui fournissent le blé. Tous ont l'air bien dans leurs mocassins de cérémonie : leurs exploitations sont dans le vert depuis des années, tandis que la mienne souffre des cours des matières premières en berne.

Cette fois, l'argument économique qui me freinait ne tient plus. Quant à l'argument technique, autrement dit ma peur de ne pas y arriver, ces paysans le balaient d'un sourire : « Il suffit de te former ! »

Tout vient à point à qui sait attendre, dit le proverbe. Au moment où les choses s'accélèrent dans ma tête, j'apprends que la coopérative a engagé un technicien compétent en bio. Quel luxe de pouvoir échanger avec un conseiller indépendant des vendeurs de produits !

Alors que je lui parle de mes craintes d'empoisonner les riverains en traitant mes champs avec des pesticides, Benoît, c'est son prénom, me tape sur l'épaule : « Mais, Paul, tu n'as plus le choix, tu dois faire du bio ! »

Un matin du printemps 2014, on commence à cogiter. À chacun de mes arguments contre la conversion, le technicien sort de son chapeau un argument pour. Quelques jours plus tard, il me convie à une réunion où je retrouve

Jean-Philippe, le frère de mon copain, et d'autres agriculteurs.

La plupart me conseillent de faire une transition douce, en plusieurs fois. Aucun n'a l'air inquiet pour mon avenir : « C'est beaucoup plus simple de faire du bio chez toi que chez nous. Parce que tes terres sont plus faciles, parce que tu as de l'irrigation. Tu as plein d'atouts. » Avec du recul, maintenant que je connais le métier, je vois qu'ils avaient raison.

Benoît me présente également à deux confrères techniciens qui ont une bonne vision de la filière bio en Poitou-Charentes. Et puis nous préparons une sorte d'audit de toutes mes activités. À un moment, ils me renvoient à mes responsabilités : « En fin de compte, Paul, tu sais ce qu'il manque ? Que tu prennes la décision. Tout est prêt. Tu as les bâtiments, la structure, tu as le matériel, tu n'as pas d'investissements à faire. »

En septembre 2014, dix ans après mon accident, je fais le grand saut : je décide de convertir une centaine d'hectares. Je pense aux habitants des pavillons au bout de mes champs pour lesquels je vais cesser de m'inquiéter. Et surtout aux filles. Elles seront si fières de leur père. Sans surprise, Sylvie, Laura et Amandine débouchent le champagne. Même Roland, mon vieil associé, me soutient : « Si j'étais plus jeune, je te suivrais ! »

Mais j'appréhende la réaction de papa. Un midi, je vais manger chez mes parents, l'estomac noué, et j'ouvre les vannes. Au lieu de soupirer, papa dit simplement : « Enfin ! » Et quand je lui demande ce qu'il entend par là, il ajoute : « Tu ne pouvais plus continuer à vivre avec cette contradiction. Il faut que tu sois cohérent. »

Ce jour-là, j'ai compris qu'Alphonse était fier de mon combat contre Monsanto et du travail accompli au sein de l'association. Lui qui est du métier devine que le chemin sera semé d'embûches. Il a commencé sa vie d'agriculteur sans la béquille de la chimie. Il a prospéré grâce aux pesticides et aux engrais. Dans les années 1970 et 1980, il a vu quelques marginaux s'essayer au bio et tirer le diable par la queue. Mais il m'encourage : « Tu ne peux pas faire autrement ! »

Comment vais-je faire pour passer de la théorie à la pratique ? La question me trotte dans la tête durant l'automne et l'hiver, jusqu'à mon séjour au Canada en février 2015. Après avoir participé là-bas à une série de conférences, je fais un saut dans une ferme bio modèle.

Elle appartient à l'ami d'un ami, qui exploite 600 hectares avec ses deux frères, non loin de Montréal. Immenses silos, alignement de tracteurs… rien à voir avec le cliché écolo made in France.

Thomas dirige un *business* de céréales florissant qui fait vivre, outre ses frangins, ses deux enfants. Un exploit, car les terres cédées à cette famille de Français immigrés au Québec dans les années 1970 étaient mauvaises. Sur ces sols qu'il leur avait fallu défricher et drainer, les rendements du tournesol et du soja égalent pourtant ceux des

OGM produits dans les fermes voisines. Celui du maïs est inférieur de 10 %, mais il vaut le double des grains conventionnels. Comme le prix du blé bio (30 % plus cher) leur semble insuffisant, les trois frères ont monté une minoterie.

Cette journée me marquera à jamais. Dans un de ces pays qui cultive le plus d'OGM au monde, les *farmers* canadiens innovent en permanence. Ce sont les as de la traque aux mauvaises herbes. Si le matériel agricole ne convient pas, Thomas, ingénieur de formation, customise ses machines jusqu'à obtenir l'arme de précision massive qui lui manquait.

Côté engrais, qui polluent les nappes phréatiques et contribuent au réchauffement de la planète, il chamboule les dogmes. Il essaie d'en utiliser le moins possible, grâce à la rotation des cultures et à l'inter-culture. Thomas se moque de moi : « Tu es bien de la génération NPK, azote, phosphate, potassium. On vous a appris qu'il fallait ces trois éléments en quantités importantes pour que ça pousse bien. »

Lui a mené une expérience concluante il y a quatre ans pour tenter de se défaire du trio d'éléments à la base de l'essentiel des engrais. Le résultat est concluant : un sol moins riche en azote peut donner du bien beau maïs… Je ne vais pas recenser les dix commandements de Thomas, pédagogue hors-pair du bio, mais en voici quelques-uns : ne pas avoir peur de l'échec ; multiplier les productions pour s'en sortir quand l'une flanche ; repérer les problèmes très en amont.

Sur le chemin de l'aéroport, je repense à la réponse du fermier lorsque je lui ai suggéré de breveter l'outil qu'il a mis au point pour nettoyer le soja. « Je n'ai pas envie de le vendre. Il faut tuer cette tendance à faire commerce de tout en agriculture et au contraire échanger nos savoir-faire comme nos semences. »

Quelques jours plus tard, de retour à la maison, je reçois un mail de Thomas à propos des lentilles que je cultive et qu'il aimerait essayer. Moi qui n'ai pas encore franchi le pas, puis-je vraiment lui donner des conseils ?

« Mais si, Paul, justement, le bio crée d'autres liens entre les agriculteurs. » Des liens d'entraide ancestraux, un partage de connaissances sur un mode amical, comme celui qui réchauffait le rude quotidien de mes ancêtres vendéens.

Après des années de tergiversations, ma conversion commence enfin le 1er mai 2015. Je commence par tous les champs proches des habitations ou des bâtiments commerciaux. Au total, 105 hectares sur 240 sont concernés.

Il faut rénover la grange qui accueillait autrefois les bidons de chimie pour y entreposer semences bio et engrais organiques à base de fiente. Il faut se casser la tête avec Patrice, mon conseiller de gestion, pour trouver un montage financier et administratif. Pour des raisons juridiques – il est impossible de produire du bio et du non-bio sur la même ferme –, il faut créer une deuxième société, « verte » celle-ci et distincte de celle fondée en 1987.

À la fin mai, au moment d'épandre du fongicide sur la partie restée en agriculture conventionnelle, j'ai le vertige en contemplant mes futurs champs bio. Le maïs et le tournesol ne jaunissent-ils pas plus vite d'un côté que de l'autre ?

Heureusement, l'État a prévu des aides publiques, d'un montant maximal de 30 000 euros, pour compenser les pertes des néo-convertis durant les deux années de transition pendant lesquelles les récoltes ne peuvent être vendues au prix, plus rémunérateur, du bio.

Rien de tel que l'action pour faire diminuer mon niveau de stress : j'attelle la bineuse derrière mon tracteur et au boulot ! Les socs, sortes de grosses dents en métal, coupent les racines entre les rangs des cultures et peuvent recouvrir de terre les mauvaises herbes.

Mais cette solution n'est pas infaillible. Grosse frayeur en octobre 2015, au moment de la récolte du soja. Le datura, avec ses élégantes fleurs en trompette, a beau être l'ami des jardiniers, celui qui pousse, à l'état sauvage, sur mes terres me renvoie à sa vieille réputation de plante utilisée pour la magie noire.

Roland, venu mesurer l'ampleur de l'invasion, lâche machinalement : « Prends un débroussaillant, du Roundup ! » Comme je lui rappelle que j'ai franchi la ligne verte, il hausse les épaules avec un sourire amical : « Ça y est, ça commence ! »

Au lieu de désespérer, je vais à la pêche aux bons tuyaux. Un collègue me donne un truc : la patience. Pourquoi se précipiter ? Aucun risque que le soja ne s'abîme, sa récolte peut attendre les premiers frimas, qui auront raison de mon envahisseur vert. « Laisse faire la nature », sourit-il.

Mais pourquoi n'y ai-je pas pensé moi-même. Certainement parce que la conversion doit aussi avoir lieu dans ma tête. Cela fait vingt-cinq ans que, à la moindre gêne, je sors l'épandeur.

Trois semaines plus tard, le datura est devenu poussière et je rentre mon soja en homme neuf.

À l'automne 2015, je dois semer pour la première fois des graines qui ne sont pas enrobées de produits de traitement. Au lieu de me lancer à la mi-octobre comme d'habitude, je décale les semailles. Si je dégaine trop vite, les herbes folles vont s'en donner à cœur joie avant les premières gelées. Cela tombe bien : ma terre n'est pas argileuse mais calcaire, et donc très perméable. Il suffit que la pluie automnale s'arrête un moment pour que je puisse m'y mettre. Même s'il tombe des trombes d'eau, deux jours après, je pourrai m'en sortir.

Voilà pour la théorie, mais en pratique il faut prendre sur soi, s'affranchir du regard suspicieux des voisins qui ont fini leur besogne. Heureusement, Cyril et Yannick, mes deux salariés, me soutiennent. J'avais tellement peur de les entendre me demander : « Dites donc, chef, on va attendre jusqu'à quand ? » Cette période de latence nous a permis de préparer correctement le sol. Et à la fin novembre, je sème enfin !

Autre première : je m'essaie aux cocktails en mélangeant, en deux temps, légumineuses et céréales. Je passe néanmoins l'hiver le nez dans la gadoue à me demander comment je vais bien pouvoir maîtriser les mauvaises herbes.

Mon joker est une machine magique baptisée herse étrille. Grâce à ses panneaux articulés munis de longues dents souples, elle peut désherber toute la surface du champ, même dans les rangées, à deux centimètres de profondeur.

L'opération donne des résultats intéressants. Une autre ruse, pour les cultures de printemps, consiste à passer la herse juste après avoir semé le maïs. Les mauvaises herbes poussant plus vite que les bonnes graines, la concurrence est tuée dans l'œuf. À condition toutefois de ne pas rater l'étroite fenêtre de tir de trois ou quatre jours.

Au printemps 2016, je tarde à réagir sur une vingtaine d'hectares de maïs et les voilà perdus. Heureusement, j'ai pour habitude d'apprendre de mes erreurs. Je sais désormais que, en bio, il faut toujours anticiper. Et surtout, en cet été 2016, le reste de mes plantations de maïs est aussi beau que les années précédentes. Même succès pour le tournesol grâce à la herse et à la bineuse.

Les rendements sont bons. Ce n'est pas vraiment un exploit : une étude scientifique menée à grande échelle en France vient de montrer que la réduction des pesticides ne nuit pas à la productivité.

Selon ses auteurs, des chercheurs de l'Institut national de recherche agronomique qui ont passé au crible les doses pulvérisées dans 946 fermes conventionnelles, les rendements peuvent même augmenter en diminuant la quantité de produits chimiques ! En limitant cette baisse à environ 40 %, les performances économiques restent équivalentes !

Si mes rendements se maintiennent à un niveau équivalent cette année, cela signifiera que j'ai trouvé un filon d'or vert : le maïs bio, par exemple, est vendu à 280 euros la tonne, soit deux fois le prix du conventionnel sans le coût des pesticides.

Au moment où les revenus des céréaliers plongent, à cause de la chute des cours mondiaux et des aléas climatiques (sécheresse, inondations), mon avenir économique et celui de mes filles s'éclaircit.

Enfin, je me sens bien dans mes champs. Depuis que j'ai arrêté de passer les bordures au désherbant, une guirlande de coquelicots et de bleuets a surgi. Cette flore est ma meilleure alliée puisqu'elle attire les abeilles.

La terre vit, change d'aspect, elle exhale des odeurs d'humus qui me rappellent mon enfance. Le matin, je croise des lièvres sur mes parcelles. Que mes tournesols sont beaux, propres, uniquement nourris par les légumineuses qui les ont précédés et ont enrichi le sol.

Quand j'entendais les agriculteurs bio me vanter la promesse d'un nouveau bien-être, je pensais qu'ils étaient un peu allumés, mais me voilà gagné à mon tour par une sérénité inédite.

Au bout de la parcelle de luzerne bio qui jouxte notre maison s'alignent douze pavillons, situés en lisière du bourg de Bernac. Leurs habitants ont longtemps peuplé mes cauchemars. Et si les pesticides que j'épandais sous leurs fenêtres leur filaient des nausées et des malaises, sans parler de cancers ou de maladies neurologiques ? J'avais même songé à planter des haies afin d'éviter les projections, mais les villageois râlaient, car les arbustes allaient leur faire de l'ombre.

Aujourd'hui, je ne braque plus mon regard vers cet horizon, mais sur mes terres. Il faut faucher régulièrement pour que les herbes ne puissent pas monter en graines et passer la herse afin d'empêcher la prolifération des chardons.

J'éprouve un même soulagement à cultiver du blé bio dans la partie de la ferme voisine de la zone commerciale.

Là, en lisière de Ruffec, la révolution écologique semble en marche. Au bout de ce champ désormais entouré de petites haies file le TGV Atlantique et les bras géants des éoliennes s'agitent à l'horizon. Dire qu'avant je pulvérisais des produits tout près du bâtiment occupé par une équipe de soins à domicile…

Une autre crainte a diminué en flèche : celle de voir Cyril assumer à ma place les traitements chimiques qu'on m'interdit de faire depuis l'accident. Je tiens à ce qu'il se protège au maximum, mais est-ce suffisant ? Tout le processus de préparation des toxiques a été sécurisé au maximum.

Mon ouvrier porte un masque, des gants, une combinaison et un tablier pour éviter les projections. Il travaille dans la cabine pressurisée du tracteur. Mais, comme mon autre salarié Yannick, Cyril se réjouit d'être débarrassé des odeurs de pesticides dans les parcelles bio. Quand le reste de la ferme aura dit adieu à la chimie, d'ici deux ou trois ans, il ne mettra plus que des produits naturels dans le pulvérisateur !

Aucune naïveté de notre part : ces essences naturelles ne servent pas à lutter contre les maladies ou les ravageurs, mais à fortifier le sol et les systèmes racinaires. Plus question de guérir, mais bien de prévenir : une plante saine est moins fragile.

Mes coéquipiers sont jeunes, 28 ans pour Cyril et 27 pour Yannick, pourtant, à cause de la formation dispensée dans les lycées agricoles, je m'attendais à les voir exprimer quelques réticences. À ma surprise, ils jouent pleinement le jeu. « C'est bien d'apprendre et, pour l'instant, on a plutôt de bonnes surprises, mais il faut être plus réactif », répète Yannick, arrivé tout minot sur la ferme comme apprenti.

Cyril, lui, imaginait que les mauvaises herbes seraient plus difficiles à contenir. Quand il passe la herse étrille pour désherber, je le vois sourire au volant. Il a la clim, la radio, et n'a plus besoin de mettre un masque et des gants à chaque fois qu'il descend du tracteur. Il ne me raconte pas tout, mais je devine qu'il a dû essuyer quelques remarques acerbes de la part de collègues. Notre maïs est beau, nos parcelles sont propres, donc la plupart de ceux qui avaient des doutes commencent à dire devant lui : « Si les rendements ne plongent pas, vu les prix actuels du bio, pourquoi pas ? » Au moment du battage, nous avons tous les trois interrogé le chauffeur de la moissonneuse. Lui qui participe à des tas de chantiers similaires dans le coin a une vue panoramique sur notre campagne.

Que pense-t-il de la révolution verte en cours à la ferme ? « Si je ne savais pas que vous étiez en bio, a-t-il répondu, je parierais que ce tournesol est traité. »

17

Match retour

L'océan est un refuge. Lorsque nous passons le week-end dans notre mobile-home, je coupe mon portable et je ne vérifie mes e-mails que le soir. Les heures filent, de virées à vélo avec Sylvie en balades sur la plage. Durant deux jours, j'oublie tout : la ferme, l'association et le procès en appel qui arrive.

Nous n'avons jamais sacrifié notre échappée rituelle en famille l'été. Mais il a fallu attendre l'accident pour que nous osions partir en fin de semaine. C'était plus la peur du qu'en-dira-t-on qu'une question de moyens. Dans mon milieu, on reste enchaîné à son travail.

Combien de fois ai-je entendu d'autres producteurs de céréales dire : « Mais je n'ai pas le temps pour les vacances » ? Alors que, l'hiver, il n'y a rien à faire dans les champs. Partir permet de prendre du recul, de penser autrement, de sortir d'un monde un peu replié sur lui-même. Un de mes amis nous appelle d'ailleurs les « Ya-que-nous ». Il moque notre tendance au sacrifice, dont le seul soulagement est la plainte : « Ya-que-nous-qui-travaillons, y-a-que-nous-qui-ne-prenons-pas-de-vacances. »

Ces week-ends en famille, comme le soutien de mes proches, de mes avocats, les paroles de consolation d'Annie Thébaud-Mony – « Paul, il faut regarder au loin, le combat militant connaît des hauts, mais aussi des bas » –, m'ont donné la force de tenir.

Le lavage de cerveau n'a pas opéré. Je suis désormais convaincu que le fou décrit par Monsanto dans ses courriers, ses rapports, ses écrits, ce n'est pas moi. Le gros de la pression accumulée sur mes épaules est retombé depuis la clôture du dossier.

Ce jeudi 28 mai 2015, j'enfile la veste de costume gris sur laquelle est épinglée ma rosette. Cette Légion d'honneur n'est pas juste un porte-bonheur, mais un gage de crédibilité, la preuve que, aux yeux de la République, je ne suis pas le voyou dépeint par mon adversaire.

Comme lors du premier round, je suis bien entouré. Les filles ont pu venir toutes les deux avec Sylvie, ainsi que mes frères Jean-Noël et Alain, ma belle-sœur Anne, des nièces et des amis proches. En arrivant devant la cour d'appel, située en bord de Saône, dans le Vieux Lyon, nous retrouvons une trentaine de militants de Phyto-Victimes. Mes camarades, rassemblés devant les vingt-quatre colonnes du palais de justice historique, applaudissent à tout rompre. « Les malades des pesticides existent. Nous en sommes la preuve », rappelle une grande banderole orange.

Jean-Marie lit un texte d'encouragement devant les caméras, moins nombreuses qu'en première instance, car certains journalistes se sont trompés et poireautent devant le bâtiment moderne du TGI. Tant mieux, cela diminue la pression.

Nous nous engouffrons à l'intérieur. Des magistrates perchées sur une estrade, de magnifiques boiseries sombres, une hauteur sous plafond colossale, cette fois le décor est à la hauteur de l'enjeu. Avec ma femme, Amandine et Laura, je prends place juste derrière François Lafforgue et Capucine Darcq. Les conseils de Monsanto se trouvent sur la droite.

Comme en première instance, mon dossier est examiné en début d'après-midi, mais cette fois, après le rappel des faits et de la décision de 2012, c'est la partie adverse qui s'exprime en premier. Elle a fait appel et expose ses arguments, auxquels nous devrons ensuite répondre.

Heureusement, je n'avais pas imaginé ce qui m'attendait, sinon j'aurais raccroché les gants d'entrée de jeu. La plaidoirie du jeune avocat de Monsanto, un bien meilleur orateur que le quinquagénaire qui avait officié la dernière fois, ressemble à une mise à mort.

Je me sens comme un taureau dans l'arène, sans répit, aveuglé, aiguillonné de toutes parts.

Pour Monsanto, le génie du déni, mon accident n'a tout simplement pas eu lieu. Il faut voir la tête de mon infirmière d'épouse quand on la présente comme ma complice en affabulation ! J'ai l'impression qu'elle va se précipiter à la barre pour interrompre le juriste.

Je lui prends la main en espérant la calmer. « Mais pourquoi madame François emmène-t-elle son mari à l'hôpital au lieu d'appeler les pompiers ? De quel droit fait-elle cela ? C'est clair : elle veut cacher quelque chose ! » Mon dossier médical épais comme l'encyclopédie Universalis en trente volumes ? Une gigantesque mystification !

« Paul François n'est pas malade », il souffre de « petites migraines », ose la deuxième avocate de la firme. Voilà ma femme transformée en cocotte-minute : « Mais il faut quoi si les écrits des médecins ne suffisent pas ? Qu'est-ce qu'on doit fournir comme preuve ? »

Sylvie comprend maintenant pourquoi j'ai touché le fond. Tous les courriers que je recevais portaient en germe cette stratégie au bazooka. « On ne peut se fier à personne ! Tous les protagonistes sont des proches de monsieur et madame François. Le généraliste est un ami. Les médecins de l'hôpital sont des copains. Ces gens-là ne sont pas objectifs ! » poursuit l'avocate, sur un ton agressif.

Quant à moi, je suis un incompétent. Si j'avais pris des précautions, revêtu un masque et une combinaison, rien ne serait arrivé. Ah, mais je croyais que rien ne m'était arrivé, justement ! « Paul François ne pouvait pas ignorer la dangerosité du produit parce qu'il a reçu une formation agricole. »

Devant moi, François Lafforgue prend des notes, attentif. Parfois, je lui souffle quelques idées de réponses qu'il devra faire tout à l'heure. Personne ne connaît son dossier aussi bien que la victime. Les minutes passent. Voilà que le rapport du professeur Narbonne, sur lequel s'est appuyé le tribunal pour rendre sa première décision, est bon à jeter à la corbeille.

Peu importe que son auteur soit un universitaire éminent dont l'expertise est sollicitée par de nombreux tribunaux. « Mesdames, messieurs, vous appelez ça un rapport ? Un torchon ! »

Ce pilonnage ferait douter n'importe qui. À se demander si les magistrats de première instance ont ouvert le dossier ! Pourquoi ce flou autour des factures du Lasso ? Pourquoi le rapport d'expertise médicale était-il défavorable ? Après tout, il n'y a pas de fumée sans feu. Jean-Marie, lui, m'a confié qu'il n'aurait jamais pu se maîtriser. Comment ai-je tenu ?

Ce jour-là, à Lyon, je sens que la colère des mois précédents s'est envolée. Il vaut mieux parce que l'épreuve n'est pas terminée.

Soudain, je me retrouve de nouveau plongé dans *Vol au-dessus d'un nid de coucou.* La Cour de cassation a beau avoir rejeté, fin janvier 2015, la demande de nouvelle expertise psychiatrique, Monsanto reprend son refrain habituel : « Il y a quand même des zones d'ombre sur son utilisation de ces produits. »

Je me serais drogué, ce qui aurait causé des crises à répétition. Pour soutenir cette thèse, la firme se réfugie derrière les médecins qui l'ont évoquée, à mots couverts, dans leurs comptes-rendus.

Puisque tous les coups sont permis, l'avocate évoque ensuite des problèmes beaucoup plus privés. Voir la vie intime de son mari déballée en plein tribunal, devant une centaine de personnes dont ses propres filles et les salariées de son association, c'est d'une violence folle pour Sylvie. Mais j'assume. La maladie a fragilisé ma libido. C'est un préjudice passager, certes, qui ne demande pas forcément à être indemnisé, mais qui permet de comprendre ce que j'ai traversé.

Je me concentre sur la recherche de contre-arguments et autres démonstrations par l'absurde. Ma prétendue formation aux dangers de la chimie ? Néant. Si tel avait été le cas, l'État n'aurait pas mis en place, en octobre 2011, un certificat individuel de produits phytopharmaceutiques – ce désormais fameux Certiphyto qui doit être présenté pour tout achat de pesticides à usage professionnel. Voici une preuve de ma bonne foi et une munition pour la plaidoirie de François.

Je me rassure aussi en regardant le visage des juges. Sylvie pense comme moi : elles ont l'air de trouver le tableau brossé par Monsanto un brin caricatural ; peut-être sont-elles secrètement de notre côté.

Au bout d'un temps qui semble interminable, le camp adverse retourne à son banc. Mon avocat monte au front, seul, toujours très courtois. François Lafforgue énumère les éléments un à un, de plus en plus assuré, comme lors de la première audience. « Mais comment Monsanto peut-il contester cet accident ? » interroge-t-il. Les faits devraient parler d'eux-mêmes. « Je vous rappelle que la maladie professionnelle de Paul François a été reconnue, qu'il a obtenu une indemnisation, etc. »

Il me demande soudain de me lever : « Voyez l'homme que l'on présente comme un affabulateur. Il est présent aujourd'hui parmi nous, là, avec sa famille. Il assume jusqu'au bout, il ne se cache de rien. Où se trouvent en revanche les représentants de Monsanto ? Leurs avocats sont dans la salle, mais où sont les dirigeants de la société ? »

La question des étiquettes a jeté le trouble tout à l'heure. François y revient donc méthodiquement. « Mais comment Monsanto peut-il continuer à faire valoir que nous n'aurions pas produit les bonnes étiquettes et que le Lasso

EC ne serait pas le même que le Lasso tout court ? » Il invite les magistrates à consulter nos pièces.

« C'est exactement le même produit, nous en apportons la preuve. Monsanto vous fait perdre du temps, nous fait perdre du temps. » À cet instant, les avocats de la firme se jettent des regards tout en farfouillant dans leurs documents. L'un d'eux tente d'interrompre mon conseil. « Nous vous donnerons la parole si nous le jugeons nécessaire », avertit la présidente.

Grâce à maître Lafforgue, Sylvie retrouve sa dignité professionnelle. « Madame François, qui est infirmière, avec dix-sept ans de carrière hospitalière derrière elle, n'a besoin de personne pour être capable de juger que la priorité est de prévenir les urgences, qui sont à trois kilomètres de chez elle et d'y emmener son mari. Si elle avait appelé le 18, peut-être que nous ne serions pas là aujourd'hui, parce que cela aurait été trop tard. »

François oppose les faits, têtus, au flou créé par mon adversaire. Nous connaissons l'heure à laquelle ma femme a prévenu l'hôpital, celle de mon arrivé, les modalités de ma prise en charge à Ruffec. Tout cela ne peut pas avoir été inventé.

Les pseudo-experts missionnés par la MSA en prennent pour leur grade. « Il y a une contradiction, martèle mon avocat. Monsanto ne veut pas qu'on parle de la reconnaissance en maladie professionnelle, mais fait référence aux premières expertises, défavorables pour mon client, qui ont été établies dans le cadre de cette procédure. Je voudrais simplement rappeler que la première a été réalisée par un toxicologue du centre antipoison de Bordeaux, dont l'objectivité peut être questionnée puisque cette structure s'est montrée défaillante après l'accident de monsieur François. Admettons que cet expert ait été celui qui a répondu à l'appel des urgences de Ruffec le 27 avril 2004. Pouvait-il se déjuger lui-même ou déjuger ses collègues ? La deuxième expertise est tout aussi douteuse : comment un chirurgien orthopédique, même chevronné, pourrait-il évaluer correctement un problème neurologique et toxicologique ? Le premier véritable expert impartial à avoir mis le nez dans le dossier, c'est Jean-François Narbonne. »

Mon avocat s'attache ensuite à démontrer, grâce à une analyse très fine de la jurisprudence sur l'amiante, que l'existence d'un strict lien de cause à effet n'est pas nécessaire. Les hypothèses sérieuses émises par quatre scientifiques de renom peuvent suffire à établir mon préjudice. « Je pourrais vous apporter d'autres éléments, mais vous les avez dans les dossiers. Je sais que vous ne manquerez pas de regarder attentivement », ajoute-t-il.

Lorsque François achève sa plaidoirie, au bout de deux heures, la présidente se tourne vers les avocats de Monsanto : « Avez-vous quelque chose à ajouter ? » Tous les trois ont le regard plongé dans leurs papiers. « Non, madame la présidente. »

La troisième mi-temps se joue sur les marches du vieux palais de justice. Les caméras attendent pour recueillir nos impressions, le rituel résumé des débats qui permettra de nourrir les JT. François profite de cette tribune pour dénoncer la « stratégie de harcèlement judiciaire » de Monsanto : « On jette le discrédit sur Paul François, sur sa famille. On remet en cause tous les éléments de preuve qu'on apporte, alors que plus d'une centaine de pièces versées par mon client justifient à la fois l'accident, son intoxication et les préjudices subis. C'est exténuant. La coupe est pleine aujourd'hui. Je crois vraiment qu'ils sont allés au bout de leur démarche. J'espère que la cour d'appel confirmera le jugement. »

À deux pas, la partie adverse fait la synthèse de sa plaidoirie révisionniste : « Monsieur François est sûrement malade, mais ce n'est pas à cause du Lasso. Il n'y a aucune preuve de l'accident. Personne n'était là. C'est une thèse qui n'est confirmée par personne. Les dommages invoqués par monsieur François n'existent pas. C'est extrêmement clair. À partir du moment où un préjudice n'existe pas, on voit difficilement comment Monsanto pourrait être responsable », clame l'avocat en chef du leader mondial de l'agrochimie.

Voilà, c'est fini. La cour d'appel de Lyon se prononcera dans trois mois sur l'appel de Monsanto. François

Lafforgue me fait promettre de me reposer. Nous convenons de nous retrouver à Paris la semaine suivante pour refaire le procès à tête reposée. Je suis soulagé.

Tous mes proches savent désormais ce que j'ai vécu. Jusqu'au bout, j'aurai essayé de protéger Sylvie et mes filles, désormais étudiantes. Je n'y suis pas parvenu et c'est sûrement mieux ainsi. Laura et Amandine me réprimandent gentiment : « Papa, pourquoi tu n'en as pas parlé ? On comprend pourquoi tu voulais arrêter. »

À l'audience, ma famille et mes amis ont aussi découvert le vrai visage de l'adversaire contre lequel je lutte depuis des années. Mes frères me tapent dans le dos : « Heureusement que tu t'es battu, ce serait trop facile de les laisser faire. Non seulement ils t'ont empoisonné, mais en plus ils te calomnient. »

18

Réconciliation

Hier, jeudi 10 septembre 2015 – cette date restera à jamais gravée dans ma mémoire –, nous avons gagné par K-O contre Monsanto. L'arrêt de la cour d'appel de Lyon est historique : pour la première fois, un fabricant de pesticides est condamné à indemniser un agriculteur pour l'avoir intoxiqué.

En écoutant les radios commenter ma victoire ce matin, je pense à mon père, avec lequel j'ai si souvent travaillé au son de France Inter.

Papa aussi était un combattant. Il avait fait partie des pionniers de la FDSEA dans notre département. Il a continué à y militer en tant que retraité et n'apprécie pas que je m'en éloigne et critique ses dirigeants.

Lui qui a toujours été très discret sur ses engagements m'a fait lire, il y a quelque temps, tout un dossier de *L'Express* consacré, en avril 1967, au combat des « agriculteurs charentais » contre « le problème foncier ». À l'époque délégué cantonal du syndicat paysan, mon père, auquel l'hebdomadaire donne longuement la parole, est l'un des leaders de cette fronde oubliée contre l'achat de terres agricoles par des spéculateurs, allemands le plus souvent.

Il donne l'alerte, participe à une manifestation à Ruffec, pour protester contre la politique du gouvernement, réclame le vote d'une loi anti-trust au Parlement et sera invité à négocier à la préfecture et même au ministère de l'Agriculture.

Il y avait urgence, car, en dix ans, la population active agricole en Charente avait fondu de plus de 20 000 personnes et 5 500 exploitations de moins de 20 hectares avaient disparu. La fin de l'article consacré à mon père résonne étrangement avec les questions qui m'animent : « Encore faut-il savoir si les agriculteurs luttent pour conserver l'utilisation de la terre, outil de travail, ou pour obtenir les possibilités de l'acquérir. [...] En Charente ou ailleurs, est-ce vraiment contre des étrangers, contre une société capitaliste, contre l'achat de leur terre que les paysans manifestent ? N'est-ce pas, plus simplement, contre la peur inconsciente de voir disparaître leur outil de travail ? »

Mon père, homme de droite, avec lequel la discussion a longtemps été impossible, avait aussi des doutes sur le système agricole. « Sans être contre l'évolution, dit-il au journaliste, il faut tout de même parvenir à la contrôler, sans quoi les conséquences seront graves. [...] C'est bien joli, la technique, l'économique, mais il y a peut-être quand même avant tout l'humain à considérer. »

Je ne sais pas si papa, qui avait, comme moi, embrassé une profession individualiste, celle de céréalier, a parfois trouvé le combat collectif pesant. Moi, alors que la pression retombe, je prends la mesure de ce que je viens d'accomplir.

Voilà plus de deux ans que je ne suis pas dans mon assiette. La crainte des dégâts collatéraux pour mes proches, certaines tensions à l'association, l'inquiétude suscitée par la conversion de la moitié de la ferme en bio n'expliquent pas tout. Comme j'avais peur de décevoir les amis, les scientifiques, tous ceux qui m'avaient cru et aidé au long des années !

Au rugby, on ne se sent pas seul au sein de la mêlée, mais celui qui est devant… Un drapeau, comme un ballon ovale, que c'est lourd à porter ! J'aurais accepté de perdre, mais pas me résoudre à décevoir tous ceux qui m'avaient épaulé.

Après la petite fête qui s'improvise dans l'appartement parisien de l'un de mes amis, Sylvie n'a qu'une hâte : partir à Montréal où nous devons retrouver Laura, qui y est en vacances. Ma femme veut enfin goûter le présent.

Pour elle aussi, ces années ont été pénibles. Mais tout finit bien : malgré nos difficultés, les filles n'ont pas connu l'échec scolaire. Certes, elles ont pris la bourrasque en pleine face, ont parfois dû se réfugier chez leurs grand-mères, qui savent consoler ses petits-enfants, et peut-être que mes mésaventures ont influé sur leurs choix d'adultes. Seraient-elles autant passionnées d'écologie, auraient-elles autant milité pour la conversion de la propriété au bio, si leur père n'avait pas été victime des pesticides ?

Quant à Sylvie et moi, nous nous en sortons, avec quelques bleus. Des couples divorcent pour moins que ça, mais nous avons tenu.

À l'arrivée au Canada, j'ai du mal à me faire au rythme des vacances. Nous passons un moment chez mon frère Patrick et ma belle-sœur Béatrice qui ont quitté la région parisienne pour s'installer en Amérique du Nord. Tout le monde trouve que j'ai encore la tête dans le procès. Moi, j'ai l'impression que rien n'a vraiment changé. Amandine et Laura me chambrent : « Papa, est-ce que tu mesures bien ta chance de passer des vacances avec tes filles de 20 et 24 ans ? Ce sont peut-être les dernières… »

Au bout de dix jours, il faut percer l'abcès parce que des murs se dressent entre nous quatre. Amandine et moi sommes à couteaux tirés. Sylvie et Laura lèvent les yeux au ciel, comme prisonnières de nos disputes. À quoi bon séjourner sur l'île d'Orléans, dans le paysage sublime du parc national du Saguenay, si nous sommes incapables d'en profiter ?

Finalement, nous pleurons en famille. Toutes les émotions, les tensions accumulées, s'évanouissent avec ces larmes. Nous commençons à faire des projets pour le reste du voyage quand mon téléphone sonne.

L'état de santé de mon père est très préoccupant. Il nous faut rentrer au plus vite. Avant d'embarquer pour Paris, j'appelle papa. Il a tenu jusqu'au résultat du procès et puis il a lâché prise. Mon père a confié à mon frère Patrick : « Je prie le bon Dieu, j'attends que Paul soit rentré. » Promesse tenue.

À mon arrivée, papa repose dans son lit, conscient. Nous sommes nombreux autour de lui, c'est l'avantage des grandes familles, surtout lorsqu'elles sont unies. Maman lui prend la main et murmure : « Hier, c'était nos 64 ans de mariage. Tu m'as fait le très beau cadeau d'attendre. Je ne voulais pas que tu partes il y a quatre ans, quand Marie est décédée. Je t'ai demandé de patienter. Maintenant tu peux aller la rejoindre. »

Nous avons tous la gorge serrée. Quelle chance d'avoir des parents qui s'aiment. Et qui nous aiment.

Papa me dit clairement à quel point il tient à moi. Il est si fier de ce que j'ai accompli avec l'exploitation, de ma victoire au procès. Ces paroles consolent le mauvais élève que j'ai été, l'apprenti paysan qui ne se sentait pas à la hauteur des ambitions paternelles, le trublion de la fratrie qui avait parfois – à tort, je le sais maintenant – l'impression de compter moins que les autres.

Elles effacent nos désaccords, nos disputes, toutes ces années à se chamailler dans la cour de la ferme. Mon père ne peut s'empêcher de me donner un dernier conseil : je dois prendre soin de ma famille, ne pas me perdre dans l'action militante. Il sait de quoi il parle, lui qui a parfois cumulé, en plus du boulot, quatre réunions par semaine au syndicat ou dans les multiples associations où il était très actif.

Trois heures après que j'ai posé le pied à la maison, Alphonse s'en va. C'est une belle fin de vie. L'église, pourtant grande, peine à contenir toutes les personnes venues assister à son enterrement. Une existence vouée aux autres, ça laisse forcément des traces dans le cœur des gens.

Durant cet automne 2015, je me replonge plusieurs fois dans l'arrêt de la cour d'appel, comme pour me convaincre que je n'ai pas rêvé. Plusieurs points m'arrachent un sourire. Les magistrats ne sont pas dupes.

Lasso et Lasso EC ? C'est blanc bonnet et bonnet blanc : la société « emploie elle-même indistinctement les deux appellations », sur le bon de livraison et sur la facture ! Les juges ne s'émeuvent pas davantage du fait que les étiquettes et emballages que j'ai produits ne soient pas ceux qui avaient été fournis par Roland le 27 avril 2004.

« Il est d'ailleurs vraisemblable que ceux-ci ont été confiés au centre hospitalier de Ruffec et n'ont pas été conservés », écrivent-elles.

Les magistrates détaillent avec beaucoup de soin les informations qui figuraient sur le bidon et celles qui auraient dû y être avant de noter que Monsanto a « failli à l'obligation d'information et de renseignement, omettant particulièrement de signaler les risques liés à l'inhalation de monochlorobenzène présent en quantité importante dans le Lasso et de préconiser l'emploi d'un appareil de protection respiratoire, notamment pour le nettoyage des cuves ».

Cette lacune contraste avec la fiche toxicologique du solvant, qui alerte sur les risques neurologiques entraînés par inhalation prolongée. « Le lien de causalité entre le non-respect de l'obligation d'information et le préjudice est donc établi. »

S'appuyant sur les conclusions des deux experts missionnés par le tribunal de grande instance, les juges reconnaissent que l'intoxication a bien eu lieu. En revanche, la pusillanimité du duo scientifique a fait son effet. Contrairement au TGI, la cour d'appel refuse de prendre pour argent comptant l'hypothèse de Jean-François Narbonne. Bientôt, je vais retourner devant un juge, qui sera chargé d'évaluer le montant de mon préjudice. Ce magistrat devra également déterminer si les séquelles sont la conséquence de mon accident.

« L'avis du professeur Narbonne ne saurait être considéré comme incontestable, insistent les juges, et il appartiendra à la juridiction amenée à statuer sur la liquidation des préjudices subis par monsieur Paul François d'apprécier ceux qui se trouvent en relation avec l'accident initial, sans que puisse être d'ores et déjà reconnu le lien entre celui-ci et les manifestations postérieures déclarées par la victime. »

Ce recul me laisse un arrière-goût amer. Mais, sans être un fin juriste, je devine que cet arrêt constitue un tremblement de terre. Certes Monsanto est pris la main dans le sac pour ne pas m'avoir alerté sur les risques que je prenais, mais la décision lyonnaise porte en germe un autre débat : celui sur le principe de précaution.

Désormais, nous sommes nombreux à estimer que, en vertu de ce principe, la responsabilité d'un fabricant qui mettrait ou maintiendrait un produit dangereux devrait pouvoir être mise en cause.

Voir plus loin qu'une légère déception, se projeter dans une lutte collective. Ces valeurs, Alphonse et Thérèse les ont transmises à tous leurs enfants. Nous passons nos vies à monter des projets, à entraîner les autres derrière nous.

Malgré les bilans de santé réguliers auxquels je dois me soumettre, malgré les jours de blues, je refuse de larmoyer. C'est l'héritage du caractère bien trempé, ouvert et optimiste de mes parents, mais aussi la claire conscience que tout peut s'arrêter.

Tout a d'ailleurs manqué de s'arrêter ce matin ensoleillé de 2004. Quand je le lui rappelle, Patrick sourit : « Paul, tu sais, c'est peut-être toi qui nous enterreras tous. En attendant, alors que d'autres seraient tombés dans la déprime, tu te bats. Mais pas que pour toi, c'est ce qui est beau. »

Conclusion

Autour de mon lit, une nuée de blouses blanches inquiètes et Sylvie, avec la mine froissée des mauvais jours. « C'est pas possible. Qu'y a-t-il encore ? » soupire un médecin. Le 5 juin 2017, je suis entré à l'hôpital d'Angoulême pour y subir une opération bénigne. L'ablation d'un nodule à la thyroïde, c'est presque banal. Un petit coup de scalpel, quinze jours de convalescence et un rétablissement complet pour les moissons.

Mais voilà que mon corps prend la tangente. Depuis des semaines, je suis cloué à l'horizontale par des germes coriaces qui résistent aux antibiotiques. La pose d'une simple perfusion a entraîné une septicémie. Alors que je commence à me remettre, une deuxième infection massive se déclenche, une troisième, puis une quatrième. Une telle cascade est à peine croyable.

Sylvie, avertie du danger de ces complications postopératoires, a cru me perdre. Moi, j'ai perdu la sérénité que j'avais en partie retrouvée il y a presque deux ans, après l'arrêt favorable de la cour d'appel de Lyon.

Les médecins, eux, sont perplexes. Mon organisme ne sait plus se défendre. Une fois sur pied, disent-ils, il faudra tirer au clair cette nouvelle énigme : l'intoxication de 2004 a-t-elle durablement affaibli mon système immunitaire ?

Je passe de longues journées à l'hôpital dans un état de somnolence constant. Sans avoir la force de répondre aux SMS de soutien qui s'amoncellent dans mon portable, ni de piloter à distance la vie de la ferme et encore moins de m'investir dans Phyto-Victimes.

Un matin, j'ouvre l'œil de bonne humeur : mes jambes ont cessé de trembler, la sortie approche. Mais, quelques heures plus tard, la mort toque à nouveau à ma porte : cinquième choc sceptique suivi d'une embolie pulmonaire. Je suis à deux doigts d'y passer !

Le 7 juillet, j'envoie un message à mon avocat pour savoir quelle décision a été rendue dans le cadre de ma procédure. J'attends son retour avec anxiété. Quand il m'appelle, je respire un grand coup. Les pathogènes qui m'assaillent me semblent tout à coup bien inoffensifs à côté de mon ennemi numéro un. Monsanto ne lâche jamais. En septembre 2015, lorsque l'arrêt favorable de la cour d'appel de Lyon a été donné, l'avocat de la firme avait prévenu que le bras de fer se poursuivrait : « La décision est très surprenante eu égard aux inexactitudes et aux erreurs qui émaillent la thèse de Paul François, avait-il soutenu. Mais ça n'est qu'une étape et la discussion va se poursuivre. » Parole tenue : la société a formé un pourvoi devant la cour de cassation, à Paris. J'ai dû refaire appel à l'avocat agréé qui avait piloté l'affaire annexe de l'expertise psychiatrique, mais François Lafforgue, qui suit évidemment le dossier de très près, m'indique que la décision est à la fois une bonne et une mauvaise nouvelle.

En effet, mon avocat m'apprend que la haute cour vient de casser l'arrêt lyonnais. Mon cas est renvoyé devant la cour d'appel. Pour les magistrats parisiens, cette dernière a commis une erreur de droit. Elle n'aurait pas dû suivre mon conseil, qui avait pointé dans sa plainte un défaut d'information sur les risques liés à une inhalation du Lasso, mais se demander, comme le prévoit une réglementation issue d'une directive européenne, si ce produit n'était tout simplement pas défectueux. Les nuances de ce raisonnement juridique de très haut vol ont beau m'échapper, j'en comprends parfaitement le sens : il me faudra affronter un nouveau procès.

François Lafforgue se doute que j'accuse le coup. Il cherche à me rassurer, au nom de mon combat collectif :

« Paul, sur le fond, cette décision est favorable. C'est une avancée pour les victimes des pesticides.

– C'est bien la seule chose qui me console…

– La réglementation a été édictée pour mieux protéger les consommateurs. Il suffit de démontrer la défectuosité du produit pour que les victimes soient indemnisées. La jurisprudence va nous aider : l'insuffisance d'information sur l'étiquetage, que nous sommes parvenus à démontrer, participe à la défectuosité du produit. J'ai bon espoir d'obtenir la condamnation de Monsanto. Je ne vois pas comment l'entreprise pourrait s'exonérer de sa responsabilité. Je sais bien que vous êtes sonné, Paul, mais il faut voir plus loin. Nous avions déjà évoqué tous les deux cette hypothèse d'une troisième bataille. C'est vrai, il va vous falloir attendre encore. Cela retarde les échéances au-delà du raisonnable…

– Je suis si fatigué, maître.

– Je sais, Paul. Reposez-vous et reprenez des forces, je m'occupe du reste. »

On me libère sous contrôle médical le 13 juillet. J'ai l'autorisation de retourner à la maison à condition que Sylvie reste à mon côté. Au moindre doute, il faudra rappliquer à l'hôpital.

Durant tout l'été, j'ai le moral à zéro. J'alterne les phases de tristesse intense et de colère. Dehors, dans les champs, mes salariés, Cyril et Yannick, se démènent pour rentrer les récoltes avec Roland qui reprend du service sans compter sa peine et moi, consigné à l'intérieur par les médecins, je rumine. Il faut dire que les derniers mois ont été particulièrement rudes pour l'exploitation. Heureusement, j'ai pu compter sur le soutien de la chambre d'agriculture, de la direction départementale et même sur celui de la MSA, trois institutions, souvent réputées rétrogrades, mais qui prennent peu à peu la mesure de la révolution actuelle en agricullture.

Mais, toujours fidèle dans les épreuves depuis 2004, ma banque m'a cependant lâché. J'essuie un autre refus avec l'établissement favori des agriculteurs, mais aussi de l'agroalimentaire et de l'agrochimie. Aux premiers rendez-vous, à l'échelle locale, on me déroule le tapis rouge. Puis ça coince dans les étages. Je ne peux rien prouver, évidemment, mais j'ai l'impression que les vannes se ferment lorsque mon nom est prononcé. J'ai sans doute dérangé trop d'intérêts, exposé en place publique des secrets de famille beaucoup trop tabous.

Heureusement, mes nombreuses démarches finissent par aboutir : un établissement bancaire accepte de m'accompagner.

Toutes les difficultés ne sont pas pour autant derrière moi : ma coopérative historique, à dimension humaine, a fusionné avec une autre, pour devenir un mastodonte du secteur. Depuis, je me ronge les sangs et croise les doigts pour que mon combat ne dérange pas les dirigeants du nouvel ensemble…

Début août, l'avocat de Monsanto prend la parole dans *Le Figaro* pour commenter la décision de la Cour de cassation. Il fanfaronne : « L'examen du dossier sur le terrain de la responsabilité des produits défectueux fait obstacle à toute condamnation de Monsanto, pour au moins deux raisons. D'une part, Monsanto France, ciblé dans la procédure, n'est pas le producteur du produit incriminé ; d'autre part, pour obtenir une condamnation au titre du risque développement, il faudrait prouver qu'au moment de l'utilisation, Monsanto avait connaissance de l'éventuelle nocivité de son produit. Or, vu l'état de la science à l'époque des faits, la nocivité du produit n'était pas susceptible d'être connue de Monsanto, et elle n'a du reste pas été démontrée depuis. » Et l'interdiction précoce du Lasso en Belgique ? « Il s'agit uniquement du principe de précaution, balaie le conseil de la société. Ce n'est pas une preuve du risque. »

Et nous voilà repartis pour deux ou trois ans de procédure. Comment vais-je tenir ? Je ne suis même pas certain que les 50 000 euros de frais de procédure que j'ai déjà avancés me seront remboursés, car la multinationale a demandé à ce que la question des dommages et intérêts, qui devait être examinée en cet automne 2017, soit tranchée après le troisième procès.

Depuis des mois, la firme fait traîner l'évaluation de mon préjudice, ne cessant de me demander de nouveaux documents, souvent très intrusifs, tels nos avis d'imposition.

Où vais-je trouver l'argent pour payer mon infatigable avocat ? François soutient que la décision de la cour de cassation ne change rien et que mon préjudice peut me donner droit à des indemnités qui couvriront les frais de procédure et une partie du préjudice.

Aujourd'hui, une mauvaise migraine me cloue au lit. Moi qui étais à la tête d'une exploitation dynamique, je me retrouve pris à la gorge financièrement ! Je me vois déjà obligé de mettre ma ferme en faillite, ma famille en faillite. Je suis maintenant convaincu que l'intoxication est responsable de la dégradation actuelle de ma santé, de celle de mon compte en banque et de mon moral. Monsanto m'épuise moralement et financièrement. Je n'ai jamais autant douté.

La seule chose dont je ne doute pas, c'est que notre lutte collective commence à porter ses fruits. Désormais un grand nombre de dossiers de reconnaissance en maladie professionnelle aboutissent. Grâce aux efforts de l'association, la liste des pathologies dues aux pesticides s'est encore élargie avec l'inscription du lymphome non hodgkinien.

Bien sûr, les agriculteurs doivent saisir les tribunaux des affaires de sécurité sociale, puisque certains médecins de la MSA continuent de faire obstruction, mais, après de longues batailles, ils obtiennent souvent gain de cause. Il leur faut ensuite s'accrocher pour se voir accorder une vraie indemnisation, car la Sécurité sociale agricole fixe des taux d'incapacité honteusement bas.

C'est sans doute notre victoire la plus précieuse : la parole des paysans s'est libérée. Ils n'ont plus peur de dire qu'ils ont été floués par les fabricants. Mais pour ceux qui cherchent à faire reconnaître la responsabilité des industriels devant les tribunaux, la tâche reste ardue. Tous sont malades à cause d'une exposition professionnelle aux pesticides.

Comme moi, ces paysans subissent une double peine : aux problèmes de santé s'ajoutent les difficultés économiques. En convalescence sur mon canapé, je me prends à rêver d'un autre monde. Seule une vraie révolution du système de production agricole pourra éviter à nos enfants, ou aux jeunes venus des villes qui prendront notre succession, de connaître pareilles galères.

Sans être des théoriciens, il y a des années que notre petit commando engagé et solidaire échafaude des solutions. Avec nos amis de Générations futures et bien sûr François Lafforgue, avec la sociologue Annie Thébaud-Mony ou la journaliste Marie-Monique Robin, qui m'ont épaulé et m'ont transmis une part de leur fibre militante, nous avons engagé une réflexion au long cours. Nos propositions sont sur la table : il est urgent de créer un fonds d'indemnisation des victimes des pesticides sur le modèle de celui de l'amiante, mais qui serait abondé par les fabricants. Les contamineurs doivent être les payeurs ! La sénatrice socialiste Nicole Bonnefoy, qui m'a accompagné durant mon combat – comme Ségolène Royal, dans une autre mesure –, avait déposé l'an dernier une proposition de loi en ce sens.

Il faudrait aussi lancer des actions de groupe pour fédérer les victimes de la chimie. Réfléchir à l'invention, en droit pénal international, d'un crime d'écocide, c'est-à-dire d'atteinte grave à l'environnement. Bref, se doter d'outils permettant de ne pas laisser le scandale industriel impuni. Annie Thébaud-Mony me l'a si souvent répété : « Les procès sont des outils pour faire bouger les lignes, et les travailleurs sont les sentinelles de la santé environnementale. »

Pour essayer de prévenir, au lieu de seulement réparer, il convient de procéder à une vraie réévaluation des pesticides dangereux. Cela pose bien sûr la question de la responsabilité de l'Europe et de celle de l'État, qui ont, par le passé, fait preuve de laxisme dans leurs autorisations de mise sur le marché. Depuis 2015, le feu vert final, qui reste entre les mains des pays membres de l'Union, n'est plus accordé par la Direction générale de l'alimentation au ministère de l'Agriculture, mais par l'agence sanitaire nationale Anses. Cette autorité indépendante, compétente techniquement, semble être en capacité de mieux résister à la pression des firmes. En revanche, la liberté d'esprit de l'Agence européenne de sécurité alimentaire (EFSA) et celle de l'Agence européenne des produits chimiques (ECHA) sont sujettes à caution, comme le montrent les atermoiements autour de l'interdiction du glyphosate. Se basant sur des études qu'elles refusent de rendre publiques, en violation de la législation européenne, elles soutiennent son innocuité, sans être désavouées par la Commission européenne. C'est un véritable déni de démocratie.

Le glyphosate, ingrédient clef d'herbicides très utilisés comme le Roundup, best-seller de Monsanto, a pourtant été classé, en mars 2015, dans la catégorie des produits cancérigènes probables pour l'homme par le Centre international de recherche sur le cancer (CIRC) de l'Organisation mondiale de la santé. Cet organisme indépendant ne prend pas en compte les travaux fournis par les firmes. Comme ne cesse de le rappeler Générations futures, ce perturbateur endocrinien met en danger les agriculteurs, mais aussi le consommateur. Un récent test commandé par l'ONG a ainsi détecté des résidus de cette substance dans les urines de trente personnalités, comme l'ancienne ministre de l'Écologie Delphine Batho ou la chanteuse Émilie Loizeau. Une émission télévisée suisse a, de son côté, révélé sa présence dans plusieurs aliments de grande consommation comme des céréales et des pâtes.

Heureusement, tandis que les autorités tergiversent, la société civile passe à l'action. Générations futures a porté plainte contre Monsanto pour tromperie aggravée dans le dossier de son désherbant vedette. Elle a demandé son retrait de la vente. Mes amis François Veillerette et Nadine Lauverjat suspectent une possible collusion entre, d'un côté, les organismes censés protéger les utilisateurs et, de l'autre, les fabricants de pesticides. Aux États-Unis, plusieurs centaines de travailleurs agricoles touchés par un lymphome ont lancé une action collective devant une cour fédérale de Californie. Dans ce cadre, des milliers de documents (mails, synthèses, mémos) édifiants, les Monsanto Papers, ont été mis au jour. Le journal *Le Monde* a par exemple révélé ce printemps que la firme avait dissimulé un rapport soulignant le potentiel mutagène du glyphosate. Il a braqué les projecteurs sur les méthodes douteuses de l'entreprise : intimidations de scientifiques, campagne de dénigrement contre le CIRC, mensonges, pressions… Si les lecteurs du quotidien ont été surpris, moi beaucoup moins. Ces procédés, je les connais, hélas, trop bien.

À quoi ressemblera l'agriculture de demain ? Pour la première fois, les ventes de pesticides reculent, même s'il est peu probable que l'objectif porté par l'État de diminuer de moitié la consommation en 2025 par rapport à 2008 soit atteint. En effet, la cure de désintoxication actuelle est plus à mettre au crédit des jardiniers du week-end qu'à celui des paysans.

Bien sûr, les mentalités évoluent. Les consommateurs plébiscitent les carottes ou le lait bio : les ventes, tous produits confondus, ont augmenté de 20 % en 2016. Depuis deux ou trois ans, les mots « écologie », « paillage », « compost » s'invitent dans nos revues professionnelles, autrefois particulièrement conservatrices. Preuve de cette évolution, l'agriculture raisonnée progresse. Comme nous l'avions fait avec Roland, dès le milieu des années 1990, quelque 3 000 producteurs de céréales sur 300 000 ont suivi les recommandations de modération du ministère de l'Agriculture. Grâce à une meilleure rotation des cultures, à une optimisation du dosage, ces bons élèves consomment 20 % de produits chimiques en moins. Plus qu'un choix du cœur, ce choix est dicté par l'économie : une dégringolade du prix des céréales pousse à réduire les coûts de production.

Mais notre système doit prendre un virage à 180 degrés. Une conversion à l'agriculture biologique est une des solutions pour sortir par le haut de la crise actuelle. Pour l'instant, avec 32 000 fermes en bio (soit 7 % des exploitations), la France occupe seulement la troisième place du podium vert européen.

Les petites graines du changement, que nous semons dans nos champs, ne suffisent pas. Une impulsion doit être donnée au plus haut niveau. La France, première puissance agricole du continent, s'honorerait à ouvrir la voie vers le durable. Moi, j'ai pris mes responsabilités en attaquant Monsanto, il y a dix ans. Au nouveau président d'assumer les siennes. Un premier signal serait de rééquilibrer, au niveau de l'Hexagone mais aussi de l'Europe, les aides à l'agriculture en faveur du bio. Mais cela suppose d'aller au bras de fer avec certains syndicats agricoles, défenseurs d'un système de production profitant à l'agroalimentaire et à l'agrochimie. Autre piste : multiplier les coups de pouce à la conversion. Si de telles décisions sont prises, les lobbies ne manqueront pas de s'activer, dans l'antichambre de la Commission à Bruxelles comme à l'Assemblée nationale, à Paris. Il suffira de les laisser dire.

Le temps est venu de clouer le bec aux firmes. Peu importent les menaces voilées, le chantage à l'emploi industriel : nos vies et la santé de la planète valent mieux que leurs profits.

J'ai souvent dit aux politiques qu'il n'est plus possible d'affirmer que nous ne sommes pas au courant et de continuer à attendre. Cela s'applique pour chacun d'entre nous : nous connaissons tous les méfaits des pesticides sur la santé.

Si nous ne faisons rien, nos petits enfants pourront nous accuser, à juste titre, de les avoir condamnés.

Remerciements

À mes parents, à Sylvie, Laura et Amandine, à mes frères et sœurs, à mes amis, à tous les anonymes dont les messages de soutien m'ont aidé dans mon combat, merci.

Je tiens également à adresser un remerciement particulier à Madame J. G., Madame L. D. et Monsieur J.-C. T. qui m'ont apporté une aide financière.

Enfin, merci à Anne-Laure et Ophélie : sans elles je n'aurais pas écrit ce livre.

Table des matières

Composition et mise en pages
Nord Compo à Villeneuve d'Ascq

Pour l'éditeur, le principe est d'utiliser des papiers composés de fibres natu-relles, renouvelables, recyclables et fabriquées à partir de bois issu de forêts qui adoptent un système d'aménagement durable.

En outre, l'éditeur attend de ses fournisseurs de papier qu'ils s'inscrivent dans une démarche de certification environnementale reconnue.

PAPIER À BASE DE
FIBRES CERTIFIÉES

Fayard s'engage pour
l'environnement en réduisant
l'empreinte carbone de ses livres.
Celle de cet exemplaire est de :
0,400 kg éq. CO_2
Rendez-vous sur
www.fayard-durable.fr

Achevé d'imprimer en Italie par Grafica Veneta
70-7826-1/01